孩子读得懂的史记

[西汉]司马迁 原著
刘秋萍 编著
上海宥绘 绘

3 战国战不休

北京理工大学出版社
BEIJING INSTITUTE OF TECHNOLOGY PRESS

版权专有　侵权必究

图书在版编目（CIP）数据

孩子读得懂的史记.战国战不休/（西汉）司马迁原著；刘秋萍编著；上海宥绘绘.--北京：北京理工大学出版社，2023.12（2025.4重印）

ISBN 978-7-5763-3032-8

Ⅰ.①孩⋯ Ⅱ.①司⋯ ②刘⋯ ③上⋯ Ⅲ.①中国历史—战国时代—青少年读物 Ⅳ.①K220.9

中国国家版本馆CIP数据核字（2023）第205838号

责任编辑：李慧智　　**文案编辑**：李慧智
责任校对：王雅静　　**责任印制**：施胜娟

出版发行 / 北京理工大学出版社有限责任公司
社　　址 / 北京市丰台区四合庄路6号
邮　　编 / 100070
电　　话 / （010）68944451（大众售后服务热线）
　　　　　　（010）68912824（大众售后服务热线）
网　　址 / http://www.bitpress.com.cn

版 印 次 / 2025年4月第1版第2次印刷
印　　刷 / 武汉林瑞升包装科技有限公司
开　　本 / 889 mm×1194 mm　1/16
印　　张 / 17
字　　数 / 200千字
定　　价 / 219.80元（全4册）

图书出现印装质量问题，请拨打售后服务热线，负责调换

前言

西汉史学家司马迁撰写的《史记》，是中国历史上第一部纪传体通史，记录了从黄帝时期至汉武帝时期三千多年的历史。全书共一百三十篇，包括十二篇本纪、三十篇世家、七十篇列传、十篇表和八篇书。因为规模巨大、体系完备，对后世纪传体史书产生了深远的影响，所以被列为"二十四史"之首。

《史记》有多篇入选人教版语文课本，从小学覆盖至高中，更是历史课本中上古至西汉时期内容的重要史料来源。青少年阅读《史记》故事，不仅能打通小学、中学历史文化知识的壁垒，还能与古代贤者共鸣，汲取古人智慧，感受圣贤风骨。

我们这套《孩子读得懂的史记》，采用"《史记》故事＋精美插图＋原典解读"的形式，赋予经典史籍新的时代内涵。书中重新梳理了时间线索，将对应时间线下"世家"和"列传"的相关篇章挪到"本纪"之后讲述，使同一时期的人物、事件更加直观。全套精选一百二十篇《史记》故事，配以二百四十余幅精美插图，着重刻画历史大事件，为孩子还原历史现场，用轻松诙谐、风趣幽默的语言重述《史记》故事，帮助孩子读得懂、喜欢读这部中国传统史学名著。

目录

壹
奏响改革的主旋律——魏、韩跻身强国之列

01 李悝为相：教你识人的五个方法　　　　　　02
02 西门豹治邺：破除迷信我在行　　　　　　　08
03 以"术"治国：天下之强弓劲弩皆从韩出　　15

贰
一手好牌打得稀巴烂——从楚悼王称雄到楚怀王灭国

04 吴起变法：战无不胜却死于乱箭之下　　　　26
05 垂沙之战：楚国由盛转衰的转折点　　　　　36
06 屈原列传：汨罗江畔的一缕忠魂　　　　　　46

叁

诸侯继续乱，权谋智慧说了算 —— 秦齐争霸，互相称帝

07 田氏代齐：一个鸠占鹊巢的故事	56
08 邹忌改革：从小事中悟出治国道理	64
09 稷下学宫：战国时期的"政府智库"	74
10 好客养士：鸡鸣狗盗也会有大用处	82
11 孟尝君任齐相：起起落落，顺其自然	93
12 齐秦互帝：比"东邪西毒"更精彩的大戏	98
13 五国伐齐：吃独食惨遭围殴	104
14 田单复国：巧施连环计，绝地大反击	112

目录

肆
千金买马骨,衣服闹革命 —— 燕赵大地上的革新

15 求贤若渴:千金买马骨,高筑黄金台　　122

16 胡服骑射:用衣服打开改革的突破口　　132

17 完璧归赵:秦赵之间的政治博弈　　141

伍
从边陲小国到统一六国 —— 大秦帝国的崛起之路

18 商鞅变法:让秦国强大,却也给自己埋下了祸根　　152

19 苏秦合纵:让秦兵十五年不敢出函谷关　　164

20 张仪任相:舌头是用来建功立业的　　172

21 义渠设县:秦国有了圈养战马的基地　　178

22 五国相王:抗秦联盟成立啦　　184

23 函谷关之战：列国合纵行动的第一次演练　　190

24 陈轸救楚：情商爆表也拦不住不听劝的人　　198

25 五跪得范雎：秦国远交近攻战略的确定　　207

26 渑池之会：以血溅五步逼秦王击缶　　218

27 长平之战：战国最后的转折点　　226

28 窃符救赵：延迟了秦国统一六国的步伐　　235

29 秦灭二周：做好灭六国的准备工作　　244

30 秦灭六国：结束纷争，走向统一　　252

壹◎ 奏响改革的主旋律
——魏、韩跻身强国之列

李悝为相：教你识人的五个方法

人　　物：李悝
别　　称：李克
生 卒 年：公元前455年—公元前395年
出 生 地：安邑（今山西省运城市夏县）
历史地位：战国时期任魏国相国，变法第一人

人物小传

　　战国的一个大标志，是各国进入大刀阔斧的改革期，用那时候的话说，就是纷纷开始"变法"。那么大家有没有想过，"变法"最早是由谁提出来的呢？

　　这个人名叫李悝，是战国初期魏国的相国，辅佐的是魏文侯魏都（一名魏斯）。

　　魏文侯是魏桓子的孙子，而魏桓子就是那个联合韩康子、赵襄子一起瓜分了晋国的魏氏领袖。

　　我们再说回魏文侯，他与韩武子、赵桓子都是周威烈王时期的人。公元前403年，也就是周威烈王二十二年，韩、赵、魏三家大夫得到周威烈王的承认，正式位列于诸侯。

而魏国之所以能从数不清的诸侯国里经历大浪淘沙,最终站稳脚跟,成为战国七雄之一,其中最功不可没的就是当时在魏国推行变法的相国李悝了。

李悝变法

李悝变法大概包括以下内容:

其一,废除权贵世袭制度。

要知道,当时的社会还处于奴隶社会,朝中的爵位基本就是一代传一代,而真正有才能却家世普通的人根本没有上位的可能。李悝与魏文侯改变了这种世袭制,根据能力来选拔官吏,让更多真正有才能者担任起重要的官职。

此为不破不立的第一步。

其二,"尽地力,平籴法"。

这是一种重视农业生产的政策。"尽地力"就是鼓励农民们杂种五谷、精耕细作、及时收获,充分发挥土地的潜力和效力,以提高粮食产量。而"平籴法"则是由国家平衡粮食价格,在粮食收成好的时候,以平价收购粮食,既防止商人压价伤农,也可以囤积一部分粮食,等到灾年再以平价出售。这样,既保证了市民在灾年买得起粮食,也保证了农民在丰年能将粮食卖上不错的价钱,从而稳定了小农经济。

其三,制定《法经》,完备魏国的法律制度。

这个就很好理解了,李悝认为,无论是针对民众还是朝中官员的法律制度,都应该有明确的说法。所以,在变法过程中李悝编纂了中国历史上第一部比较系统的成文法典《法经》,让魏国在治理国家的各个方面都有法可依。并且李悝在编纂魏国《法经》之时,还不忘参考其他诸侯国的刑罚制度,让《法经》

集众人所长，相对完备，成为保护变法的有效工具。

其四，建立"武卒"制。

精选士兵进行训练，对士兵进行考核，奖励其中的优秀者，并按照不同士兵的作战特点，重新将他们进行队伍编排，发挥军队的作战优势。

经"李悝变法"后，魏国的政治、经济、军事等方面的发展可谓是突飞猛进，综合国力日益增强，一跃成了战国初年国力最为强盛的国家。

李悝举荐

这位相国的高光时刻当然不只是"变法"，他还始终是个谦逊的人，是一个把国家利益看得比私人恩怨重千百倍的大义之人。司马迁在《史记》中还有一处细致描述了李悝如何向国君举荐继任相国的事情。

李悝在任职魏国相国期间，勤勤恳恳，对魏国的发展可谓是使出了百分百的气力。而在将要退位的时候，他也没闲着，满脑子只想着为魏文侯尽最后的一点力。

事情是这样的，当时新相国之位有两位热门候选人，分别是魏成子与翟璜，但魏文侯迟迟无法从中二选一。

于是他找到了李悝，问道："先生曾经教导我说：家里如果落入贫穷的境地，就会想得到贤能的妻子；国家如果陷入混乱的境地，就会想要得到贤能的相国。如今我们魏国正处于'国乱'这个状态，我到底该选择谁来辅佐我呢？"

这是一道关乎魏国命运的选择题，李悝不好直接回答，他委婉地铺垫道："臣听说，身份卑微的人不替身份尊贵的人谋划，疏远的人不会为亲近的人谋划。臣的职责在宫门之外，无法替您决断这件事呀。"

　　李悝虽然为相十年,但一直保持着谦逊的态度,哪怕是在推选自己的继任者一事上,也不会越分妄言,希望由魏文侯自己来选择。但魏文侯对李悝的信任就如同李悝的谦逊一样,始终如一。

　　魏文侯继续询问道:"还请先生不要推让,给我一些意见吧!"

　　李悝这才提点道:"选拔人才看的不是一朝一夕,而是要基于平日里对他们的观察。您要看平时他们亲近哪些人,富有的时候他们结交哪些人,显贵的时候他们举荐哪些人,不得志的时候他们没做哪些事,贫苦的时候他们又舍弃哪些东西。您选择相国的答案,就藏在这五个问题之中。"

　　魏文侯听完后豁然开朗,他送别了李悝,心下已经有了新相国的人选。

　　好巧不巧的是,李悝在回府的路上遇到了新相国候选人之一翟璜。翟璜见到李悝,自然是追着老相国询问魏文侯择相的结果,李悝直言道:"魏成子要做相国了。"

翟璜听后十分不服气，将不开心都写在了脸上，甚至将自己过往的功绩都和盘托出："我有什么地方比那魏成子差了？西河郡的郡守吴起是我举荐的；前去解决邺（yè）郡治理难题的西门豹是我举荐的；攻打中山国的乐羊是我举荐的；就连拿下中山国之后，被派去驻守的先生您，也是我举荐的！国君的儿子没有好老师，也是我举荐了屈侯鲋。我到底哪一点比那魏成子差呢？"大概是气急了，翟璜又重复了一遍他对自己与魏成子相比较的看法。

李悝倒也没有急着辩驳，而是好生地将方才他与魏文侯所说的那"五个问题"复述了一遍，然后才道："因此我知道国君将会选择魏成子做新相国。你刚才反复强调自己的功绩，问有哪一点比魏成子差劲，但我却觉得，你不如魏成子。你还反复提及了举荐我去驻守中山国的事情，难道你那时举荐我的目的就是为了结党营私，谋求做大官的机会吗？"

不顾愣在原地的翟璜，李悝继续说道："魏成子每年的俸禄十分优厚，但是他将其中的九成用在了公事上，只有一成是用在了他自身的事情上，可见他是一个没有私心的人。那九成的俸禄都用在了何处呢？他都用在了和贤德的人交往这件事情上，先后请来了卜子夏、田子方、段干木三人。这三个人，我们的国君都将他们奉为老师一般尊敬着。而你举荐的五个人，国君却是任用为普通的大臣。由此可见，你又怎么能够与魏成子相比较呢？"

听完李悝的这番话，翟璜已经是面红耳赤。他回想自己刚才的言行，实在是太过于肤浅，太过于急功近利了！于是他羞愧地拜李悝为师，决心终身做李悝的弟子。

而魏成子在成为魏国新相国后，确实不负所望殚精竭虑辅佐魏文侯，让魏国实力更上了一层楼。

《史记》原典精选

"魏成子以食禄千钟,什九在外,什一在内,是以东得卜子夏、田子方、段干木。此三人者,君皆师之。子之所进五人者,君皆臣之。子恶得①与魏成子比也?"翟璜逡巡②再拜曰:"璜,鄙人也,失对③,愿卒为弟子。"

——节选自《魏世家第十四》

【注释】

① 恶得:如何能够。恶,也写作"乌",如何。
② 逡巡:徘徊、退却的样子。　③ 失对:话说得不得体。

【译文】

"魏成子有千钟的俸禄,十分之九用在了礼贤下士上,只有十分之一用在了自己家里,所以他从东方请来了卜子夏、田子方、段干木。这三位贤者,君主将他们奉为老师。而您所举荐的五个人,君主都把他们任用为大臣。您怎么可以和魏成子相比呢?"翟璜怅然若失地再次向李悝拜谢说:"我这个人太浅薄了,刚才说话不得当,我愿意终身做您的弟子。"

自荐和他荐

举荐是战国时期非贵族出身的士人进入仕途的一条道路,也就是所谓的"选贤举能"。

成语"毛遂自荐"就是出自这个时期,《史记·平原君虞卿列传》中记载,赵国平原君门下有一位名叫毛遂的门客,自己推荐自己,跟随平原君前往楚国游说,这就是"自荐"。

举荐除了自荐外,还有他荐。文中李悝向国君提供选人的建议,这就是"他荐"。不过李悝没有直接推荐具体的人选,而是叙述选人原则,属于间接推荐。

西门豹治邺：破除迷信我在行

人　　物：西门豹
生 卒 年：不详
出 生 地：安邑
历史地位：魏文侯时期的邺令，治水名人

魏文侯在选择相国一事上，对李悝的意见无比尊重，对李悝的态度无比谦逊，就足以体现其礼贤下士的品格。

当然除却李悝这位相国，魏文侯还相继任用过许多贤臣能将：

他任用吴起为将，进攻秦国，夺取河西之地。他又任用乐羊为将，向赵国借道，大败中山军，攻占中山国……

就连在地方的治理上，魏文侯也能任用合适的人才，去解决当地的症结。

河伯娶亲

当时的魏国，漳河边有一处地方名叫邺县，这里的田地几乎都荒废了，百姓们无心耕种。魏文侯听说之后便派西门豹去仼邺县的县令，解决当地的难题。

西门豹刚一抵达邺县，就将县里的百姓们都召集起来，然后询问他们："近来大家的生活中有没有什么艰苦的地方？"

他的话音刚落，被召集来的百姓中一个年岁稍长者回答道："有的。"

此人乃是邺县中德高望重的老者，他叹了口气继续道："百姓们因为河伯娶亲的事情苦不堪言，此地也因为河伯娶亲而贫穷！"

西门豹这才知道，邺县长久以来都有"河伯娶亲"的传统。他继续问道："老人家，河伯娶亲是怎么回事？还请详细说说。"

老者说："河伯是这漳河的神，每年都要娶一个年轻漂亮的姑娘。要不给他送去，漳河就要发大水。之前邺县里的乡官、县令的属吏们每年都要操办河伯娶亲的事，为此每年都要向县里的百姓们征收高额的赋税，加起来的数目甚至已经超过百万了！他们将其中的二三十万拿出来为河伯娶亲，剩下的则是与巫祝一起瓜分。然而，百姓的苦，还不只是这些钱财之苦。河伯所娶的女子，也是由巫祝从县里小户人家的女儿中挑选，至于那架势，与其说挑选……倒不如说是强行下聘再强行带走！"

老者说完，忍不住又是一声哀叹。

"许多原本牛活在邺县的人家生怕自家女儿被选中，都带上女儿远远地逃走了。因此咱们这里的人丁越来越少，也越来越贫穷……"

西门豹听完，心里有了主意。他对老者说："等到下次河伯娶亲之时，还请乡亲们帮我两个忙：一是大家和那些乡官、属吏们，还有巫祝一起去河边送一送那个女孩；二是记得提前一些通知我，我也去送送那女孩。"

说来也巧，西门豹上任之时，正是临近河伯娶亲的时候。

百姓们虽然不知道西门豹要做些什么,但还是答应了下来。

破除迷信

河伯娶亲的日子很快就到了。百姓们遵照西门豹的意思,将两件事都办得妥妥当当。于是,到了河伯娶亲之日,漳河两岸都站满了人。有当地的乡官、属吏、豪绅、巫祝,还有围观的百姓们,当然还有带着一群士兵一起来的西门豹。

在邺县,这着实算得上是盛大的场面了。

人群中最令人瞩目的,仍数巫祝和她的十多名女徒弟。这个巫祝看上去约莫七十岁的年纪,而站于她身后的女徒弟们则是穿着统一的祭祀服饰,看上去气势十足。

此时西门豹站出来说:"把河伯的妻子请出来让我先看看吧。"

巫祝自是顺水推舟将她挑选的民间女孩送了过来,然而西门豹对这名女孩稍一打量,便摇了摇头,对巫祝和百姓们道:"不行,我看这个女孩并不漂亮,河伯不会满意的。"

巫祝与那群乡官面面相觑,这位新郡守的表态过于突然……他们着实摸不着头脑,还没想好怎么回答,就听西门豹继续道:"这样吧,还劳烦巫祝为我去河伯那里禀报一声,我会为他重新再选个漂亮的女孩做妻子,后天就送到!"

说罢,西门豹就命令他带来的士兵们将这个巫祝抬起扔进了河里。巫祝在河里扑腾了几下就沉了下去。

等了一会儿,西门豹道:"咦,怎么去了这么长时间还没回来?去几个徒弟催一下吧!"话音刚落,他带来的士兵就把方才站在巫祝身后的那群徒弟中

的几个陆续丢进了河里。

又过了一会儿,西门豹又道:"我知道了,巫祝与她的徒弟们可能不会禀报事情,遇到了一点困难,那么就劳烦乡官亲自走一趟吧。"西门豹言语上十分客气,动作上却十分不客气地命令士兵将乡官也扔进了河里。

然而众人等了很久,也没见着有谁从河里回来禀报,围观的百姓们面面相觑,当地的属吏、豪绅则害怕得瑟瑟发抖、掩面而泣。

此时,前一刻还在恭恭敬敬等待的西门豹忽然转过身来,温和地说道:"看来乡官也不会说话,这次该派谁去呢?"

"扑通——"

属吏和豪绅们纷纷跪下求饶,叩头叩得头都破了,鲜血直流,面如死灰。

西门豹笑道："都起来吧。看来河伯为人好客，喜欢长时间留客，你们也别在此等待了，都回家去吧。"

邺县的官员和百姓们都十分惊恐，从这以后再也没有人敢提起河伯娶亲的事了。

开挖沟渠

解决完此事后不久，西门豹再次召集了当地的百姓，在县里开凿了十二条沟渠，引来漳河之水灌溉农田。引来的河水通过沟渠一直灌溉到那些原本荒废的农田里，给当地带来了新的生机。

但开凿沟渠这事也并非一帆风顺，刚开始的时候，百姓们并不理解西门豹的苦心，对需要整日开挖沟渠这件事感到辛苦和厌倦，甚至准备撂挑子不干了。

对此，西门豹却丝毫没有动摇，他说道："如今百姓们虽然埋怨我使他们整日劳苦，但百年之后，我相信他们的后代一定会明白我现在的良苦用心。"

果然，兴修水利之后，当地深受开通水渠的好处，百姓由此而富足，邺县欣欣向荣。

所以，哪怕后来有新来的官员觉得这十二条水渠横穿御道，且彼此间又相距很近，想要将其中的几条沟渠合并，改为架设桥梁，邺县的百姓都不愿意听取他们的意见。

他们此时已经理解了西门豹开凿沟渠的良苦用心，认为贤明的人定下的制度和法令是不应该更改的。

最终，因为百姓们的意愿过于坚定，新来的官员们都妥协了，合并水渠的计划也就搁置了。

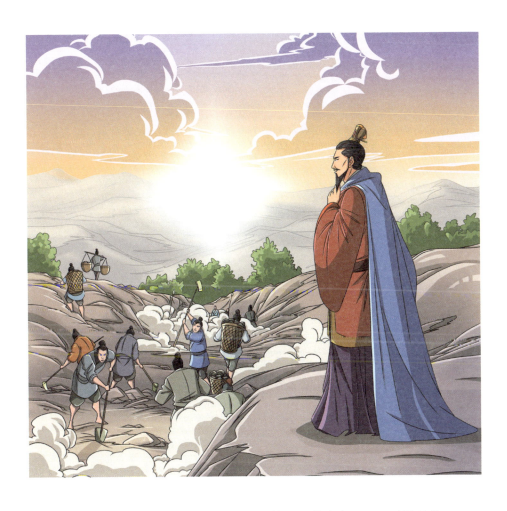

总的来说,西门豹在任邺县县令期间做了两件大事:一、破除迷信;二、兴修水利。前者去除了烦扰邺县多年的症结,后者让荒废的农田重新得以耕种。

而西门豹的到来,很快就让邺县变得民富兵强,最终成为当时魏国的东北重镇。

西门豹在做邺县县令时的事迹广为流传,贤明的名声天下皆知,流芳百世。

《史记》原典精选

西门豹即发民凿十二渠,引河水灌民田,田皆溉。当其时,民治渠少①烦苦,不欲也。豹曰:"民可以乐成,不可与虑始。今父老子弟虽患苦我,然百岁后期②令父老子孙思我言。"至今皆得水利,民人以给足富。

——节选自《滑稽列传第六十六》

【注释】

❶少:意思同"稍",略微。 ❷期:必,一定。

【译文】

于是西门豹征集百姓开凿了十二条沟渠,引漳河水灌溉农田,农田都得到了灌溉。开始挖渠时,百姓对挖凿渠道稍稍感到厌烦和辛苦,都不愿意干。西门豹说:"对百姓来说,能够与他们一起享受成功时的喜悦,但不可以和他们商议事情的开始。尽管父老乡亲们现在会憎恨、厌恶我,但是百年之后他们的子孙一定会想起我说过的话。"直到现在邺县仍在享受着西门豹治水的好处,老百姓因此家给户足,生活富裕。

古代破除封建迷信第一人

河伯,是中国古代神话传说中的黄河水神,也有说法认为河伯是天下河川之神的通称。原名冯夷,也作"冰夷""冯修"。《山海经·海内北经》中说,冰夷住在三百仞深的从极渊,长着人的脸,出行驾着两条龙。

古时候水患频发,所以人们会祭祀河神,以求风调雨顺。漳河边的巫祝利用人们的这一心态,和当地的官吏、豪绅勾结,趁机搜刮民脂民膏,欺压百姓。

两千多年前的西门豹就已经懂得了用智慧破除封建迷信,揭穿河伯娶亲的骗局,这是值得我们学习的。

03 以"术"治国：天下之强弓劲弩皆从韩出

人　　物：韩景侯
别　　称：韩虔
生 卒 年：？—公元前400年
出 生 地：平阳（今山西省临汾市）
历史地位：战国时期韩国国君

人物小传

"战国七雄"中的韩国，和前面提到的魏国一样，是三晋之一。

韩氏家族领袖韩康子，联合魏桓子、赵襄子一起瓜分了智伯的领地，奠定了韩国的土地基础。到了他孙子——韩虔这一辈，韩国终于得以列为诸侯。

所以，韩虔也被认为是战国时期韩国的开国国君，史称韩景侯。

但这位贤明的国君并未因此虚名而沾沾自喜。在他看来，此时的韩国政治混乱、法令前后不一，不仅是韩国的百姓苦恼，就连官吏也甚为苦恼。

于是一场变革开始了，史称：以"术"治国。

以术治国

"术"主要是指国君任用、监督和考核臣下的方法,用现在的话来说,就相当于"绩效考核"的标准。

韩景侯在位时期,各地大小官吏都适用于这一套考核方法,用一样的标准来衡量这些官吏们是否在其位谋其政、是否对国君忠诚、言行是否一致等,而后根据他们各自的考核成绩来进行赏与罚。如此的办法,使贤能者得以提拔连任,而狡猾奸佞的官吏则逐渐被贬职废黜。

韩景侯的以"术"治国取得了一定的效果,让韩国得以平稳发展。

但要论真正令韩国这个存在感不强的诸侯国得以大力发展的改革节点,还要推后到韩国的第六任国君——韩昭侯韩武在位之时。

韩昭侯继任后,重用法家的申不害为相国,在韩国主持改革。

于是一场更为声势浩大的变革开始了,史称"申不害变法"。

申不害其人

先说一说申不害这个人，他是京邑人，这地方在春秋时期属于郑国的地界，他长大后成为郑国地方上一个品阶低下的小官吏。

公元前 375 年，也就是韩哀侯二年，韩国一举灭掉了郑国，于是申不害由郑国人变成韩国人，也就自然而然地成了韩国的小官吏。

如此寂寂无闻了许多年，一直到公元前 354 年，也就是韩昭侯八年，申不害才得以在韩昭侯面前展露其谋臣的能力。

那年，"三晋"之一的魏国突然向韩国发难，出兵包围了宅阳（今河南省荥阳市）。

然而，当时韩国的国力尚且不能与最先变法的魏国相提并论，且因为韩国地理位置的特殊——处于各个强国的包围之中，本就是"夹缝求生"。

因此魏国这次的进攻，让韩昭侯与一众大臣都不知如何是好。

主动示弱

正在危难之际，申不害站了出来，给了韩昭侯一个建议。

他言道："若要解决此次韩国的危机，最好的办法就是由国君您前去向魏王示弱。如今魏国强大，鲁国、宋国、卫国都去面见了魏王，如果您能像从前臣下去朝见君王一般，拿着玉器'圭'去朝见魏王，那么自视甚高的魏王一定会心满意足。而其他诸侯见到魏王恃强凌弱的样子，也会对其心生不满，反而同情起韩国来。届时天下诸侯都会对魏国产生厌恶的情绪，转而侍奉韩国。这样我们虽然在一人之下，却可以高居万人之上。由此可见，想要削弱魏国的兵力，使得韩国的权势在天下诸侯间得到重视，没有比您以臣下的礼仪去朝见魏王更有效的办法了！"

听完这番话，韩昭侯觉得十分有道理。

他当即采纳了申不害的建议，并且亲自持着玉器"圭"，像一个臣下那样去朝见了当时魏国的国君魏惠王，后者也果然如同申不害预料的那般，十分高兴地撤走了魏兵，并与韩国约为友好的邦国。

经由此事，韩昭侯这才注意到这位名不见经传的小官吏，也为日后将申不害任用为相国奠定了基础。

之后，韩昭侯逐渐发现了申不害在处理外交事务方面的卓越表现和独到见解，破格任命他为韩国的相国。

申不害任相国期间，在内修整政令、教化之事，对外则是负责应对各诸侯国的事情，这一做就做了十五年之久。

申不害变法

申不害的学问主要来源于黄老学说，但他又酷爱研究刑罚法律方面的学问，是早期法家的代表人物之一。他推行以"术"治国的同时，也在推行以"法"治国。

而申不害变法改革的第一步，就是整顿官吏的治理，加强国君集权。

当时韩国有三大强族——侠氏、公厘氏和段氏，他们拥有各自的封地，挟封地自重，不服从国君的诏令。申不害便下令将他们的特权收回，并将他们私藏的财富没收，用以充盈国库。

紧接着，申不害又在开国国君韩景侯时期实施的以"术"治国的基础上，细化了对官吏的考核与监督制度，"见功而与赏，因能而授官"，有效地提升了韩国官吏们的行政效率。

随后,他又向韩昭侯提出了整肃军队的建议,将原本为贵族所有的私家亲兵收编为国家军队,并自请为韩国上将军,亲自主持局面,带领韩国军队进行严格的训练。

他还鼓励发展冶炼铸造业,尤其是兵器的制造。他亲自遍访能工巧匠,改良兵器,战国时,许多优良的兵器都出自韩国。

除了以上这些，申不害还十分注重农田的开垦，大兴农业。

他曾说过："四海之中，天地之间，什么最珍贵？当然是土地，因为那是百姓食物的来源。"

他还说过："从前，历代的国君，所施行的法度都不一样，号令都不同，但他们同样都能统一天下，这是什么原因呢？因为国家富有，且粮食充足。而要使得国家富有，粮食充足，必须大兴农业，所以先代的明君都是十分重视农业的。"

因此，申不害极力主张韩国的百姓们多多开垦荒地，多多种植粮食。

最终，申不害的这一系列变法改革让韩国内部欣欣向荣，国家富裕，兵力强盛。

一直到申不害去世，韩国都被治理得很好，军事实力十分强大，没有诸侯国敢来侵犯韩国。

而韩昭侯在位之时，也约束自身，内政修明，使得韩国有了"小康之治"。

在韩昭侯和申不害的努力下，韩国从原本"夹缝求生"的小国一下子跃入了强国的行列。

《史记》原典精选

申不害者,京①人也,故郑之贱臣。学术②以干韩昭侯,昭侯用为相。内修政教,外应诸侯,十五年。终申子之身,国治兵强,无侵韩者。

——节选自《老子韩非列传第三》

【注释】
① 京:战国时韩国的县名,在今河南省荥阳市东南。
② 学术:学习法家的治国之术。

【译文】
申不害是京邑人,原本是郑国的一个低级小吏。他学成了一套法家的刑名之术后去求见韩昭侯,韩昭侯让他做了韩国的相国。他在国家内部修整政令、教化百姓,对外能应付各国诸侯,执政共计十五年。一直到申子去世的时候,韩国都被治理得很好,政局安定,军事实力强大,没有哪个国家敢来侵犯韩国。

天下之强弓劲弩皆从韩出

战国时期的韩国拥有当时规模最大的铁矿山——宜阳铁矿山,在申不害发展冶炼铸造业政策的鼓励下,韩国迅速开发出了许多其他诸侯国羡慕的制式武器。

苏秦游说韩宣王的时候曾说过这样一番话:天下之强弓劲弩皆从韩出。像溪子弩,还有少府所造的时力、距来两种劲弩,都能射到六百步之外。由此可见当时韩国的武器制造技术有多先进。

贰 ◎ 一手好牌打得稀巴烂
——从楚悼王称雄到楚怀王灭国

吴起变法：战无不胜却死于乱箭之下

人　　物：吴起
别　　称：吴子
生 卒 年：？—公元前381年
出 生 地：卫国左氏（今山东省菏泽市曹县韩集镇东北）
历史地位：战国时期著名的军事家，与孙武并称为"孙吴"

楚国，是一个拥有超长待机时长的诸侯国，几乎与西周和东周并行存在了大约八百年。

进入战国阶段时，楚国的国君是楚惠王熊章，他已经是楚国的第三十任国君了。

他即位后，重用子西、子期、子闾等贤臣能士，与民休息、发展生产，使楚国国势得以迅速复苏，对内平定了"白公胜之乱"，对外先后灭掉了陈国、蔡国、杞国等小诸侯国，将楚国的领土一度扩张到东海、淮海、泗水一带。

到了他的儿子楚简王在位时期，灭莒国，交好宋国，延续了楚昭王时期的发展势头，楚国隐约有中兴的气象。

然而，楚国并没有能这么持续发展下去，先是向北扩张遇到了强大的"三晋（魏、赵、韩）"阻挠，之后国君之位传到了无能的楚声王手中，楚国出现了较为严重的社会问题，就连楚声王自己也被强盗杀死。

一直到了公元前401年，楚惠王的曾孙子——楚悼王即位，楚国才开始走上变法图强的道路。

此时楚国内外的形势与当初楚惠王时期的形势已经大相径庭：楚国国内，因为还迟迟没有实行大刀阔斧的变法改革，以及楚声王时期执政的无能，导致国事积弊严重，楚国实力平平；而在楚国之外，三晋已经相继发展，国力不可小觑，楚国可以说是强敌环伺。

公元前400年，也就是楚悼王即位的第二年，三晋联合军队率先向楚国发难，他们的军队一路打到乘丘才撤兵返回。然而这还只是个开始，公元前391年，三晋再次联合发兵攻打楚国，并在大梁（今河南省开封市西北）和榆关（今河南省郑州市中牟县南）大败了楚国的军队。

走投无路的楚悼王只好请求外援，而他求助的对象就是秦国。

他用大笔的钱财换来了秦国的支援。之后秦国出兵攻占了三晋中韩国的六邑，三晋这才转而攻打秦国，楚国也得以暂时缓解了部分压力。

但此时楚悼王的心理压力却丝毫没减轻，他知道长期倚仗秦国的援助也不是办法，正所谓"落后就要挨打"，免于挨打的最好办法，就是强大自身，而不是仰仗外援。

于是，楚国的改革也开始了。

公元前386年，楚悼王任用吴起为令尹，主持变法，图谋强大。

吴起其人

此处不得不先着重说一说吴起,一位与孙武合称"孙吴"的著名军事家。

司马迁说:"世俗所称师旅,皆道《孙子》十三篇、《吴起兵法》。"即:人们提起军事兵法,没有一个人不夸赞《孙子兵法》和《吴起兵法》的。

除了是军事家,吴起还是一位优秀的政治家、改革家。

吴起本是卫国人,熟读兵书,擅长用兵之道。

他年轻的时候,家里原本十分富裕,可他把万贯家财都用在了谋求官职上,结果却是竹篮打水一场空——万贯家财是散尽了,官职却没有求到一个。吴起求官的事情很快在乡亲邻里之间传开,成了一个茶余饭后供人取笑的话题。

吴起气不过,决心离开家乡,好好追寻梦想。他和母亲告别时,说道:"如果我做不了相国这样的大官,就绝不再回卫国!"

之后,吴起拜在了曾参儿子曾申的门下潜心学习。而曾参,正是大名鼎鼎的孔子的弟子。

没过多久,吴起的母亲因为生病而去世,吴起却因为当初立下的誓言而没有回乡替母亲奔丧,这让尊崇儒术的曾申十分反感,他甚至在一众学生面前断绝了自己与吴起的师生情谊。

吴起便弃了儒术,潜心钻研兵法。之后辗转来到鲁国,投奔鲁国的国君鲁元公。可惜吴起在鲁国的仕途也并不顺利,因为吴起的妻子田氏是齐国人,鲁元公并不完全信任他。

但此时的吴起急于谋求一个官职来证明自己的能力,他为了向鲁元公表明忠心，狠心杀了自己的妻子，以表明他并不亲附齐国。鲁元公这才任用他做了将军。

吴起初次担任将军，就展露出了出色的军事才能，指挥鲁军把齐军打得大败而归。

木秀于林，风必摧之。见吴起如此有才能，鲁国就有人开始诋毁吴起，在鲁元公耳边反复提及吴起早年间辗转的经历与残忍的性格，鲁元公听多了后也渐渐疏远了他。

在鲁国没有出头之日，卫国又回不去，在这种情况下，吴起听说魏国国君魏文侯贤明爱才，于是又转而投奔魏文侯，想要侍奉他。

魏文侯找来李悝咨询道："你觉得吴起这个人怎么样？"

李悝回道："吴起这个人，急于成名，又爱好女色，但要论带兵打仗的军事能力，就是名将司马穰苴也不如他啊。"

魏文侯听李悝这么说，就将吴起任命为主将，让他带兵攻打秦国，而吴起也果然很快就为他一连夺了秦国五座城池。

爱兵如子

吴起担任魏军主将期间，跟普通士兵一起同甘共苦：穿一样的衣服，吃一样的伙食，睡觉也不铺垫子、被褥，行军也不骑马、坐车，甚至亲自背成捆扎好的粮草。

他还非常关爱自己的士兵。有一次，一个士兵生了恶性毒疮，吴起还亲自替他吸吮出脓液来治疗伤口。

这个士兵的母亲听说后，就大哭了一场。

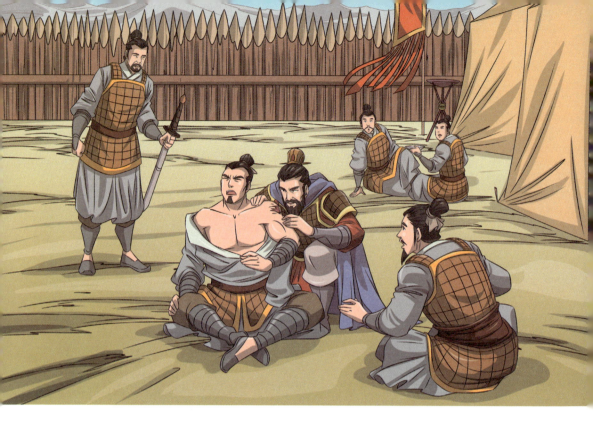

有人问她:"你为什么要哭呢?你的儿子在军中只不过是个无名小卒,吴起可是主将,他愿意放下悬殊的身份,亲自替你的儿子吮吸出脓液救他,这难道不是一件值得高兴的事情吗?"

士兵的母亲回答道:"我不是因为这个哭的啊。我是想到往年吴起大将军也曾这样替孩子的父亲吮吸化脓的疮口,之后孩子的父亲就感动得在战场上英勇拼杀、绝不撤退,最终死在了战场上。如今吴起大将军又如此替我儿子治疗,我不禁担忧……我的儿子又会死在何时何地呢?一想到这里,我就十分悲痛,因此才哭的。"

吴起爱兵如子,用兵打仗又如有神助,同时他还能保持公正廉洁,从不贪污克扣，因此深受士兵的爱戴和魏义侯的信任与重用。后来，等魏国夺下秦国在黄河沿岸的大块地方后，就在这里设置西河郡，魏文侯任命吴起担任西河郡的郡守，来抵御秦国和韩国的进攻。

论功争相

魏文侯去世后，他的儿子魏武侯即位，吴起自然而然地成了魏武侯的臣子，为魏武侯做事。

魏武侯也很看重吴起。有一次，魏武侯和大臣们一起乘船沿着黄河顺流而下，船走到一半的时候，魏武侯突然回过头来对吴起说："多么壮丽、险要的大好河山啊！这可都是我们魏国的瑰宝！"

吴起则一脸正色地对魏武侯说："国家政权的稳固，靠的是国君对百姓施行德政，而不是依靠这些险要的地理形势。就以先辈们的事迹来说吧，以前三苗氏所处的地理位置极为优越，左边挨着洞庭湖，右边靠着彭蠡泽（即鄱阳湖），但因为其首领不懂得约束自己的德行，不施行恩义，所以最后被夏禹消灭了。还有夏朝的末代国君夏桀，他的领地同样地理位置优越，左临黄河、济水，右靠泰山、华山，伊阙山在它的南边，羊肠坂在它的北面。但他残暴无道，不施行仁政，所以商汤最终放逐了他。再来说殷朝的纣王，他的领地也同样有优势，左边有孟门山，右边有太行山，北边有常山，南边有黄河流经，可谓地理位置险要。可因为他不施仁政，武王就取而代之。所以，我认为国家政权的稳固，靠的是对百姓施行德政，而不是依靠这些险要的地理形势。如果您不施行德政，那么即便是与您同乘一条船的人，也终将会变成您的敌人！"

魏武侯对他的说法非常认同，连声称赞道："说得好！"于是，仍然让吴起为西河郡守。

吴起在西河做了一段时间的郡守，取得了很高的声望。后来，魏国要选相国的时候，吴起原以为自己志在必得，谁承想魏武侯却任命了贵族田文为相国。

吴起十分不服气，他找到田文，说："还请让我和您比一比功劳，可以吗？"

田文欣然答应。

吴起骄傲地说道："我作为主将，统率三军，爱兵如子。他们都十分佩服我，愿意与我共同作战，为国家献出自己的生命也在所不惜，因此敌国才不敢再觊觎魏国。这方面咱俩比起来，谁更有功劳？"

田文谦虚回应道："当然是您更有功劳。"

吴起又说道："作为魏国的臣子，统率文武百官，让百姓的民心依附，让府库的储备充实。这方面咱俩比起来，谁更有功劳？"

田文还是回道："当然是您更有功劳。"

吴起继续道："我作为西河的郡守，严守西河，让秦国的军队不敢向东进犯，甚至让韩国和赵国服从于魏国。这方面咱俩比起来，谁更有功劳？"

田文的回答依然没变："依然是您更有功劳。"

说到这里，吴起更加不服了："这三方面您都不如我，您的职位却比我高，这是什么道理呢？"

田文心平气和地说道："国君还年轻，国人上下都对他充满疑虑，大臣们对国君不亲附，民众也不完全信任国君。如今魏国正处在这样的节骨眼上，那么请问，此时应该把政事托付给功劳高的您，还是相对平庸的我呢？"

吴起沉默着思考了很久，而后恍然大悟道："的确应该托付给您。"

田文为相国的时候，为人谦虚的他还能容得下功高能干的吴起。然而等田文去世后,新继任的相国公叔却十分忌惮吴起的才干,害怕他会像曾经与田文论功争相那样,与自己争论。迎娶了公主为妻的公叔就仗着自己与魏武侯的亲戚关系,经常在魏武侯的面前挑唆君臣二人的关系,最终魏武侯也害怕吴起的功高危害自己,从此疏远了他。

而后,吴起害怕有杀身之祸,连忙离开了魏国。

吴起变法

这一次,吴起选择来到楚国。

此时的楚悼王正缺人才主持大局,而"天降"的吴起恰好是那个他苦苦寻觅的人才。

吴起的才干声名远扬,楚悼王也早就有所听闻。吴起刚到楚国不久,楚悼王就任命他为令尹,在全国主持变法。令尹一职在楚国就相当于别国的相国。

吴起总结了李悝在魏国变法的经验,他深知"法治"的重要性,因此他做的第一件事就是"明法审令",即明确公布法令,一切必须依照法令行事。

他还裁减了一批无关紧要的官员,停止了那些常年吃空饷的爵位继承者的俸禄,进一步废除了一批与王室关系疏远的世家贵族的特权,并将节省下来的钱财用在了对士兵的培养上。

他变法的政策主要集中在如何增强楚国的军事力量,打破那些前来游说的纵横家的谎言。

经吴起变法后,楚国的军事实力大幅增强,从原本疲于应付三晋来兵的状态,逐步转变为军事强国:不仅击退了三晋联军的进攻,向南平定了百越,向北吞并了陈国和蔡国,还几次出兵向西讨伐秦国。一时之间,其他诸侯国都忌惮于楚国的强大。

可惜的是，楚国的旧贵族们都记恨吴起。楚悼王一去世，那些曾经因吴起变法而被削减了爵位和俸禄的旧贵族们都想除掉吴起。

他们发动叛乱包围了王宫，用乱箭射死了吴起，变法也随之结束。

吴起的死，致使楚国变法不够彻底，而这也成了楚国未来走向衰落的一个前因。

《史记》原典精选

吴起于是闻魏文侯贤，欲事之。文侯问李克曰："吴起何如人哉？"李克①曰："起贪而好色，然用兵司马穰苴②不能过也。"于是魏文侯以为将，击秦，拔五城。

——节选自《孙子吴起列传第五》

【注释】

① 李克：即李悝，魏国名臣。
② 司马穰苴：即田穰苴，春秋后期齐国的名将，齐景公时人，曾率齐军击退晋、燕入侵的军队，因功被封为大司马。

【译文】

吴起听说魏文侯是个贤明的国君，于是来到魏国想要做他的臣子。魏文侯询问李悝说："吴起这个人怎么样啊？"李悝说："吴起这个人贪婪，又喜欢美色，但要说到用兵打仗，就连司马穰苴也比不过他。"魏文侯就让吴起当了大将，命他带兵攻打秦国，吴起一连夺下了秦国的五座城池。

不败的吴起

吴起的一生，指挥军队与诸侯大战七十六次，全胜六十四次，十二次与对方不分胜负，无一败绩。这样用兵如神的吴起，是兵家四圣中的亚圣，是唐朝时修建的武成王庙中供奉的武庙十哲之一。

武成王庙简称"武庙"，是唐玄宗开元年间开始修建的，祭祀姜太公及历代良将的庙宇。武庙的祭典与祭祀孔子的文宣王庙相同，从祀的名将人选在后来历代多有调整，直至明朝洪武年间废除。

垂沙之战：楚国由盛转衰的转折点

人　　物：熊槐
别　　称：楚怀王、熊相
生 卒 年：？—公元前296年
出 生 地：郢都（今湖北省荆州市）
历史地位：战国时期楚国第三十七位国君

还记得上一篇开头提到的三晋联合起来攻打楚国的那几场战争吗？

那时的楚国实力平平，落后挨打，可自从楚悼王任用吴起为令尹实施变法后，楚国一变而成为强大的诸侯国，不仅击退了三晋联军的进攻，还向外扩张了不少领地。

而与此同时，原本为同盟关系的三晋则因为分地不平均的问题产生了内部矛盾：魏、赵、韩三家多次联合作战，夺取了不少土地，但赵国因为地理位置相对靠北，没有分到多少。赵国人的心里极度不平衡。

棘蒲之战

赵敬侯是战国时期赵国的第三位国君,胸怀远大抱负。

他即位的第一年,考虑邯郸更适合国力发展,决定迁都。

迁都后没多久,赵敬侯就遇上了堂兄赵朝发动叛乱。赵朝叛乱失败后逃到魏国,还说服了魏国的国君出兵攻打赵国邯郸。魏国失败后撤兵,两国关系破裂,赵国与魏国及其他诸侯国的一系列战争开始。

赵敬侯二年(公元前385年),赵国在灵丘击败齐国军队。

赵敬侯三年(公元前384年),齐国进攻魏国的廪丘,赵国发兵救之,大败齐军。

赵敬侯四年(公元前383年),赵军在兔台被魏军打败。也是在这一年,赵国在刚平筑起了城池作为进攻魏国附属国——卫国的桥头堡,卫国向魏国请求援助。

赵敬侯五年(公元前382年),卫国在齐国和魏国的帮助下反击赵国,攻占了刚平城。

赵敬侯六年(公元前381年),不甘心的赵敬侯向昔日的敌国楚国借兵一起攻打魏国。正所谓风水轮流转,当年楚国因为三晋的入侵,而不得不求助于秦国这个外援,如今也当起了他国的外援。

楚国由吴起领军出兵,与赵国南北夹击魏国。楚国的军队势不可挡,一直打到了魏国都城大梁的城郊,在郊外的林中驻扎军队,魏军被赶到了黄河以北。楚军占领了魏、卫、郑三国在黄河南岸的大片土地。

而赵国的军队也不甘示弱,趁机将魏国的棘蒲(今河北省邯郸市魏县南)、

黄城（今河南省安阳市内黄县以西）等地攻占下来。

这场赵国、楚国合力攻打魏国的战役，持续了大约三年的时间，属于战国初期规模较大的一场战役，史称"棘蒲之战"。

或许就是因为这场战争的规模大、时间长，双方最后也落得了一个"两败俱伤"的局面。赵国、魏国在这场战役中都受到了不小的创伤，原本为魏国属地的中山国更是趁着魏国元气大伤的时机脱离了魏国。而上一篇中提到的楚悼王去世这件事也发生在这一时期，楚悼王去世后不久，楚国的军队也紧跟着撤军了。

时纵时横

楚悼王去世后，吴起被杀害，变法也被叫停。但楚悼王之后的几任楚国国君——楚肃王、楚宣王、楚威王都是比较有能力的国君，经过近60年的休养生息，楚国稳定发展，依旧占据着强大诸侯国的一席之地。

到了楚威王后期，楚国的国力更是到达鼎盛，与齐国、秦国并称为战国中期三大强国，楚国一度成为众多诸侯国中领地最大、人口最多、军事最强的国家。

楚威王十一年（公元前329年），楚威王去世，他的儿子楚怀王即位，楚国开始走下坡路。

楚怀王在位期间，秦国日益强大，经常侵犯其他诸侯国，在一些纵横家的运作下，其他诸侯国开始合纵抗秦。

此处要先解释一下"合纵连横"的意思，这是战国时期各国所推行的一种外交政策。当时，秦在西方，六国在东方，六国的土地南北纵向相连，故称六国的联合为"合纵"；秦国自西向东与诸侯结交，东西为横向，故称秦国与他国的联合为"连横"。

而齐、楚、韩、魏四个国家彼时就是"合纵"的关系,他们组成了同盟,共同对抗强大的秦国。

与此同时,秦国也想要攻打齐国,却苦于楚国与齐国的合纵同盟,便想着先离间楚国与齐国的关系。为此,秦国国君派了秦国的相国张仪前去面见楚怀王。

张仪以六百里商於(wū)之地骗得楚怀王与齐国断交,亲近秦国。但事成之后秦国却拒绝交付六百里商於之地,楚怀王怒而攻秦。

楚军与秦军在丹阳、蓝田两次交战,损失惨重,其他诸侯国听说楚国正处于困境之后,也相继派兵南下攻打楚国,楚怀王只得匆忙撤军回去了。

楚国非但没有获得商於之地,还与齐国生出了嫌隙,陷入了进退两难的境地。

公元前311年,秦国想与楚国和解,派出使者前往楚国缔约,还答应把汉中的一半土地还给楚国。

楚怀王因为之前的惨败,心里憋着一口恶气,提出不要土地,只要张仪。结果张仪到楚国后,三言两语又将楚怀王骗了。

然而,也是在这一年,秦惠文王去世,秦武王继位,他宠信佞臣,不喜张仪,诸侯们听说张仪和秦武王感情不好,都纷纷背叛了连横政策,恢复合纵。

公元前309年,齐湣(mǐn)王想要成为合纵的首领,也派出使者送信给楚怀王,提出合纵结盟。这次楚怀王听从了大臣的建议,没有联合秦国,而是选择联合齐国。齐、楚、韩、魏、燕、赵六国合纵结盟。

但是这次结盟也没维持几年,公元前305年,楚怀王二十四年,楚怀王最终还是选择背叛了与齐国的约定,转头去联合秦国了。那时秦国的国君秦昭襄王刚刚即位,对楚怀王递出了橄榄枝,为了表示结盟的诚意,他先是派了秦国的公主与楚怀王联姻，再是将先前攻占的楚国上庸之地还给了楚国。

楚怀王非常高兴，甚至亲自前往秦国，与秦昭襄王在黄棘这个地方订立了盟约，史称"黄棘之盟"。

楚国背叛合纵盟约的行为让另外五国十分不满。公元前303年，齐、韩、魏三国决定联合军队攻打背信弃义的楚怀王。楚怀王派了当时楚国的太子到秦国为质，换来了秦国的驰援，这才逃过一劫。

然而，好景不长，秦楚"黄棘之盟"很快也破裂了。

公元前302年，在秦国当质子的楚太子与秦国的一名官员因为一些私事发生了争斗，楚太子失手将那名官员杀死，而后害怕地逃回了楚国。

这件事成为秦楚大战的导火索，楚国的命运也就此开启了转折的篇章。

垂沙之战

公元前301年，秦国联合齐国、韩国、魏国一起攻打楚国。

秦国将领芈戎、齐国将领匡章、魏国将领公孙喜、韩国将领暴鸢分别率领本国的军队逼近楚国，而楚国则派了将领唐昧迎战。

这四国军队首先兵分两路：由秦国攻打新城，齐、魏、韩则联合攻打楚国的方城。之后，两路军队会合，在泚水沿岸驻扎列阵，与楚军隔江对峙。

这场对峙持续了半年之久，楚军提前毁掉了渡河的船只，四国军队无法渡河便无法作战。

后来齐国的国君齐宣王等得不耐烦了，便派了一位名叫周最的臣下快马加鞭来到泚水边，催促齐国将领匡章道："匡将军怎么还不渡河作战？你准备拖延到什么时候？"

匡章作为将领，自然受不了这样的委屈，于是不客气地回道："对末将来说，大王可以轻易撤了我将军的职务，或是下令杀了我，甚至将我满门抄斩；但在时机还不成熟的时候要求我贸然作战，这是连大王也不能强求的事情！"

见匡章这么强硬，周最只好悻悻地回去禀报齐宣王，而匡章率领军队在泚水岸边继续等待时机。

对于齐宣王的催促，匡章也不是不着急。随后，匡章派出士兵想找到一处水浅的地方，方便军队渡河。可是楚国的军队就守在对岸，一见有人靠近就放箭防守，想要探出河水的深浅靠近对岸也实在不是一件容易的事。

后来，一位当地的樵夫偶然路过此地，见到长期驻扎在此的军队和愁容满面的匡章时，便对匡章说道："将军想要知道这河水的深浅，其实是一件很容易的事情。"

匡章问道："为何这么说？"

樵夫指着对岸驻扎的楚军继续说道："楚军是熟悉此地地形的，你瞧对岸，但凡是楚军派了重兵严防死守的地方，那一定就是水浅的地方；但凡楚军防守人员松散的地方，那一定就是水深的地方。"

匡章听后恍然大悟，立刻从手下的军队中挑选出一批精兵，趁着夜晚从楚军重兵把守的地方渡河，而那些地方也果然如樵夫所说的那样，河水浅，容易渡河。

而后匡章大军成功渡河，向楚国军队发动突然袭击。

楚国的将领唐昧因为四国军队驻扎在泚水沿岸小半年都没有动静，放松了警惕，一直到敌方的大部队上了岸，他才匆忙准备迎战，但为时已晚。

最后，四国军队在泚水岸边的垂沙（今河南省南阳市唐河县）大破楚军。楚军死伤数以万计，楚将唐昧战死。

这场秦、齐、魏、韩四国联合攻打楚国的战役，史称"垂沙之战"。

垂沙之战后，四国联军乘机攻占了楚国的垂丘等大片土地，之后撤军。楚国元气大伤。

一年之后，秦、齐两国再次攻打楚国，楚怀王害怕极了，连忙向齐国求和，提出将太子送往齐国作人质，并割让多座城池，以换取齐国撤兵。

公元前299年，秦军攻打楚国，夺取了八座城池。之后，秦昭襄王约楚怀王于武关会盟，承诺结盟之后归还楚国失地。

楚怀王不听昭睢、屈原等人的劝告，决意前往武关，结果被秦国扣留。

秦昭襄王要求楚怀王以附属国的礼仪朝见，还威逼楚怀王割让巫郡和黔中郡，楚怀王不肯。之后，楚怀王就被扣留在秦国国都，直到老死秦国。

自此，楚国国势迅速衰弱。

《史记》原典精选

二十七年，秦大夫有私①与楚太子斗，楚太子杀之而亡归。二十八年，秦乃与齐、韩、魏共攻楚，杀楚将唐眛，取我重丘而去。二十九年，秦复攻楚，大破楚，楚军死者二万，杀我将军景缺。怀王恐，乃使太子为质于齐以求平。

——节选自《楚世家第十》

【注释】

❶有私：因为私事。

【译文】

楚怀王二十七年（公元前302年），秦国有位大夫因为私事与楚太子发生争斗，楚太子杀了秦国大夫后逃回楚国。二十八年，秦国便与齐国、韩国、魏国一起攻打楚国，杀死了楚国的将军唐眛，攻取楚国的重丘后离开。二十九年（公元前300年），秦国再次攻打楚国，大破楚军，楚兵阵亡了两万多人，将军景缺也被杀死了。楚怀王害怕了，就派太子到齐国当人质以求得和解。

商於之地

商於其实是战国时期楚国商密和於中两地的合称，指的是从秦岭的"商密"开始，到武关后的"於中"结束，这中间的六百里地。后来的人们常用商於来代指六百里边疆之地和军事、商贾要道。

张仪以六百里商於之地欺骗楚怀王绝齐亲秦，商於也因此为世人所熟知，成为"计谋""诈术"的代名词。

屈原列传：汨罗江畔的一缕忠魂

人　　物：屈原
别　　称：屈平、屈子、屈正则、灵均
生 卒 年：约公元前 340 年—公元前 278 年
出 生 地：丹阳秭归（今湖北省宜昌市）
历史地位：曾任楚国的左徒、三闾大夫，伟大的爱国诗人，
　　　　　中国浪漫主义文学的奠基人

人物小传

屈原是中国历史上伟大的爱国诗人，是"楚辞"的创立者和代表作家。说起屈原的事迹，大家一定会想起屈原的名句："举世皆浊我独清，众人皆醉我独醒。"

这句话出自一篇名为《渔父》的文章，在这篇文章中，一位渔夫与游走于江畔的屈原进行了如下一番对话：

渔夫曰："子非三闾大夫与？何故至于斯？"

屈原曰："举世皆浊我独清，众人皆醉我独醒，是以见放。"

大概意思就是，渔夫问屈原："您不是三闾大夫吗？怎么会流落到这里？"

屈原答:"天下浑浊不堪,只有我清澈透明,世人都迷醉了,唯独我清醒,因此被放逐。"

那么楚国到底发生了什么事情,致使一度官至三闾大夫的屈原,沦落到如此境地,又有感而发地说出这么一番话来呢?

屈原其人

事情还要从屈原的身份说起……

屈原,是楚王的同姓宗族,二十多岁时被楚怀王任命为左徒。屈原有着渊博的知识和卓越的见识,记忆力也很强,对国家存亡兴衰的道理十分了解,对与他国外交的辞令十分擅长。这样一位有才干的臣子,又是王族出身,楚怀王开始对他也是十分赏识的,经常对他委以重任。

然而,当时的楚国朝堂中还有一位上官大夫,与屈原的职能基本相同,二人自然避免不了利益冲突。这位上官大夫是一个妒忌心旺盛的奸佞小人,经常使用一些下作手段与屈原争夺楚怀王的宠信。

某一次,楚王命令屈原起草一项新的法令,屈原写好了草稿,但还没做最后的定稿,就还没有呈给楚怀王。草稿被上官大夫瞧见了,他便想夺取草稿,屈原不肯给他。

这个上官大夫就在楚怀王面前说起了屈原的坏话:"大王您让屈原起草法令,此事朝野上下无人不知。可那屈原偏偏每次一有新的法令颁布,就要夸耀自己的功劳,在众人面前说,除了他再没有其他人能制定出这样完善的法令了!"

楚怀王听后心里十分不舒服，罢黜了屈原的左徒之职，调任他为三闾大夫，自此渐渐疏远了屈原。

创作《离骚》

屈原痛恨奸佞小人进谗言蒙蔽楚怀王视听,也对楚怀王轻易地相信奸佞小人诋毁自己的谗言一事非常伤心,内心更是十分忧虑,担心从此以后楚国朝中奸佞当道,妨碍公正,而如自己这般正直、有原则的臣子都不会被楚怀王接纳。

经过沉思之后,他写下了《离骚》这篇千古绝唱,以发泄自己心中的怨愤。屈原还在诗中表达了自己的高洁志向,宁死也不愿意放松对自己的要求。司马迁在《史记》中如此评价《离骚》:从这首诗来推断屈原的志向,即使跟太阳、月亮来争夺光辉,那也是可以的。

屈原被罢黜后没过多久,就遇上了张仪来楚以六百里商於之地骗楚怀王与齐国断交。楚怀王得知真相后大怒,楚军与秦军在丹阳、蓝田两次交战,楚军大败。

楚怀王重新起用屈原,让他出使齐国,目的是让齐、楚两国缔结新的联盟。等屈原从齐国回来时,楚怀王第二次被张仪欺骗,放走了张仪。

屈原生气地向楚怀王进谏说:"为什么没有杀死张仪?"楚怀王这才醒悟过来,派人去追杀张仪,却已经来不及了。

此后,秦、齐、魏、韩联合攻打楚国,大败楚国军队,并杀死了楚国的主将唐眜。

这时,秦昭襄王派人来与楚国联姻,想要邀请楚怀王前往秦国详谈。已经走投无路的楚怀王想着若是能依附秦国这座大山也算是条出路,便想要前去。

屈原劝说道:"现在的秦国就像是猛虎恶狼,大王您不可以相信秦王的话啊!秦国不能去啊。"

但楚怀王的小儿子子兰却不同意这个观点,他对楚怀王说:"为什么要拒绝秦王抛来的橄榄枝呢？这会使秦王不高兴的！"

于是，楚怀王最终还是去了。

然而，等楚怀王刚进武关关口，就被一支埋伏已久的秦军截断了退路。此行果然如同屈原所预料的那样，是一出"请君入瓮"的戏码。

楚怀王被扣留在秦国，直至客死他乡。

楚怀王去世后，他的大儿子熊横做了楚国国君，史称楚顷襄王。

楚顷襄王即位之后，让他的弟弟子兰做了令尹一职。楚国人都怪罪子兰，因为楚怀王落得一个客死他乡的结局，与当初子兰的那番劝说不无关系。

屈原也很怨恨子兰，他多次劝谏国君，希望国君能够醒悟，改掉不良的习惯，亲近贤能的臣子，远离奸佞的小人。

子兰听说屈原怨恨自己，非常生气。他让上官大夫去哥哥楚顷襄王面前说屈原的坏话，楚顷襄王听后也十分生气，他免去了屈原三闾大夫之职，将屈原放逐江南。

即使遭到了流放，屈原仍然眷顾着楚国，时刻不忘返回朝廷，改变楚国贫弱的局面。

至此，才有了开头提到的《渔父》中的那一幕。

屈原投江

连年的罢黜与流放让屈原形容憔悴，身体干枯瘦弱。他披散着长发，颓然地走在江边，一边望着江面，一边吟唱着诗歌。

一个路过的渔夫碰见了屈原，便问他道："您不是三闾大夫吗？怎么会流落到这里？"

屈原回答道:"天下浑浊不堪,只有我清澈透明,世人都迷醉了,唯独我清醒,因此被放逐。"

渔翁又道:"一个聪明的人,不应该被世事所阻碍,而是能够根据世界的变化而变化。整个世界都变得污浊了,您为什么不能随波逐流呢?大家都喝醉了,您为什么不饮点薄酒一起沉醉呢?为什么一定要坚守美玉一般无瑕的品质,却致使自己被流放呢?"

屈原说:"我听说,刚洗完头发的人,一定会伸手掸掸自己的帽子;刚洗完澡的人,一定会抖抖自己衣服上的灰尘。又有谁愿意让自己干净的身体被污浊的外物所污染呢?我宁可跳进这滚滚的江流之中,葬身在鱼的肚子里,也不愿意让我这洁白无瑕的品格蒙受世俗的污染!"

与渔夫这番对话后,屈原回去又提笔写下了一篇辞赋《怀沙》。辞中有这么一段话:

美好的玉器与劣质的石头混在一起,有人却用同样的标准来衡量它们;卑鄙善妒的小人喜欢结党营私,根本不知道我美好的品德。我身强力盛可担当大任,却陷入了困境而不得实现志向;我怀有美玉一般的品德,却没有办法向国君展示。

在完成这首辞赋之后,悲愤的屈原便跳进汨罗江中殉国了。

屈原死后,楚国也出过宋玉、唐勒、景差等一批文人,他们像屈原一样喜欢文学,也创作了出众的辞赋被人们夸赞,但他们只学到了屈原含蓄委婉的文学风格,却没有学习到他敢于直言进谏的一面。

面对楚国日渐衰败的境况,无人胆敢直言劝谏。

几十年后,楚国被秦国吞并,彻底走向覆灭。

《史记》原典精选

乃作《怀沙》之赋。其辞曰：

陶陶孟夏兮，草木莽莽。伤怀永哀兮，汩徂①南土。眴②兮窈窈，孔静幽墨。冤结纡轸③兮，离愍之长鞠④；抚情效志兮，俛诎以自抑。

——节选自《屈原贾生列传第二十四》

【注释】

❶汩徂：匆忙来到。汩，水流湍急的样子。　❷眴：同"瞬"，转目四顾。
❸纡轸：委屈而苦闷。　❹鞠：困苦。

【译文】

于是屈原创作了一篇《怀沙》赋。赋中写道：

阳光强烈的初夏时节，青草和树木长得很茂盛。悲伤总是充满我的胸膛，我匆匆地来到南方。转目四顾，只看到了一片苍茫的景色，感受到毫无声响的沉寂。我的心中郁结着委屈与痛苦啊，长久地陷入忧伤和困顿。我自我反省却发现没有过错，我努力克制自己忍受冤屈。

纪念屈原

屈原投江自尽的日子相传是农历五月初五，即端午节。端午节最初是人们祛病防疫的节日。吴越一带在春秋之前有在农历五月初五以龙舟竞渡形式举行祭祀的习俗。后因屈原在这一天投江自尽，端午便也成了人们纪念屈原的传统节日。

人们对屈原的纪念一直延续至今，除了端午节之外，中国的行星探测任务被命名为"天问系列"，首次执行火星探测任务的探测器被命名为"天问一号"，后续行星探测器依次编号。天问这个名称就源于屈原的长诗《天问》，人们以此来表达中华民族对追求真理的坚韧与执着。

叁 诸侯继续乱，权谋智慧说了算
——秦齐争霸，互相称帝

07 田氏代齐：一个鸠占鹊巢的故事

人　　物：田和
别　　称：齐太公
生 卒 年：？—公元前385年
出 生 地：临淄（今山东省淄博市临淄区）
历史地位：战国时期田氏齐国的开国国君

人物小传

　　田氏代齐，简单来说，就是一个鸠占鹊巢的故事。但是田氏能撼动原来姜氏的地位，将一个国家占为己有，也不是一朝一夕能够完成的事情。这个过程持续了将近三百年之久，总体来说，田氏代齐的过程大概可以分为四个阶段。

第一阶段：田氏入齐，以退为进

　　这还要从当年陈国内乱说起，陈国国君陈厉公有个儿子，名叫陈完，可他却并没能顺利继承父亲的国君之位。在他的叔父陈宣公即位后，他在陈国只担任了大夫一职，后因担心被叔父杀害，便带着一大家子人逃往齐国避难。

至于为什么陈完将逃难的目的地选在了齐国，那就要从一则陈完刚出生时的卦象说起了。

陈完刚出生的时候，太史儋（dān）恰巧路过陈国。太史儋这个人呢，是周王室的太史官，姓什么已经不可考了。太史一职除了要记载史事外，还兼管国家典籍与天文历法。简单来说，就是太史儋还擅长算天时、卜星历。

某一天，他正巧路过陈国，陈完的父亲陈厉公就想邀请他来替自己儿子算一卦。

卦象的结果显示：这个孩子不得了呀！他有当国君的气数，如果不是在本国，那就必定是姜姓之国。如果不是他本人，那也有可能应验到他的子孙身上。

而当时的齐国，正是姜姓吕氏国。因此，陈完在避难的时候就选择了去齐国，一方面是因为齐国与陈国离得近；另一方面是按照他儿时的卦象指引，为自己和子孙后代谋气运。

当时的齐国，国君是葵丘会盟后称霸于诸侯的齐桓公。对于从他国前来投靠的人才，齐桓公乐得提供庇护，这才能彰显他作为一方霸主的气度。

这一天，齐桓公在召见陈完时问道："陈完，你愿不愿意做齐国的上卿呀？"

一见面就许以上卿之高位，陈完受宠若惊，但他并不敢接受。

陈完谦虚地推辞说："我是从陈国到齐国避难的臣子，如今能够有一个地方庇佑我全家免于灾祸，已经对您的气度和恩惠感激万分了，我又怎么敢奢望再去担任这么高的官职呢？"

齐桓公听了之后，心里对陈完更为满意了，当即就任命他为工正，也就是负责管理工匠营造之事的官员。

其实，这也正是陈完为人的高明之处。他一个外来之人，在齐国无依无靠，在朝中也还没有站稳脚跟，如果此时身居高位，那一定会跌得很惨。

陈完的这招"以退为进"让齐桓公很有好感，一大家子得以顺利地留在了齐国，慢慢发展。

除了以退为进，陈完还将自己原来的"陈"氏改为"田"氏，他也从陈完改名成了田完。这么做也是为了撇清他和陈国的关系，相当于在告诉齐桓公：你看，我现在已经与陈国再无瓜葛，是堂堂正正为齐国国君办事的臣子了。

见田完在齐国混得十分不错，齐国的大夫齐懿仲也有意把自己的女儿嫁给田完，并为此算了一卦。

这次的卦象显示：如果齐懿仲的女儿嫁给田完，那么这对夫妻会像凤凰一样比翼齐飞，非常般配。二人的后代也会在姜姓之国扎根成长，五代之后必会昌盛，届时地位会与正卿一样；八代之后，地位更是会高到无人可比。

齐懿仲对此卦象甚是满意，听了之后连连称好，将女儿嫁给了田完为妻。

第二阶段：收买民心，田氏壮大

自田完之后的三代，都在齐国低调发展，直到田完四世孙——田无宇（田桓子）。他和当时的齐国国君齐庄公关系极好，成了权倾朝野的能臣。

而为了拉拢这位能臣，齐庄公更是将自己的女儿嫁给田桓子，自此两家常有联姻，田氏与吕氏已经是"你中有我，我中有你"的关系，田氏一族的势力也进一步扩大。

田桓子去世后，留下了儿子田开（田武子）和田乞（田釐子或田僖子）继续在朝，此时他们所效忠的国君已经是齐景公了。

田乞深知收买民心的重要性,所以在他任大夫一职向百姓征收赋税的时候,用小斗收进,而在贷出的时候,则用大斗放出。百姓们从中获利,感念田氏的恩德,田氏在齐国越来越得民心。

但这一举动也引起了当时齐国的头号政治家晏婴的注意,他好几次向齐景公上奏劝谏,要他小心提防田氏。然而,齐景公半点没把晏婴的话放在心上,对此晏婴颇感苦恼。

某一次,晏婴出使晋国的时候,还私下对好友叔向抱怨说:"唉,我看要大事不妙了啊,田氏现在在齐国这么得人心,齐国的政权最后要归他田氏所有了!"

第三阶段：取而代之，架空权力

田氏代齐过程中还有一位至关重要的田氏族人，就是田乞的儿子田常（田成子）。

他除了继续沿用他父亲以大斗贷出、小斗收回的办法笼络民心外，还排挤与他有矛盾的监止、子我等人。

子我逃到了齐简公的宫中，齐简公听信谗言想要讨伐田常，田常干脆连国君齐简公一起害死了。之后，他又将齐简公的弟弟吕骜（ao）拥立为新的国君，自己做了齐相。吕骜也就是齐平公。

然而，此时的齐平公已经彻底沦为一个被架空权力的傀儡国君，朝中大小事务几乎都由田常做主。

田常先是将齐国之前侵占的其他诸侯国土地归还，与他们交好；再是与国内各大家族搞好关系，对朝堂中与自己政见不合的世家大族都予以除去。自此，齐国暂时安定了下来，由田氏一家专政。

田常还不断给自己扩大封地，以至于到最后他的封地比齐平公实际拥有的地域还要大。

第四阶段：放逐康王，正式封侯

在这一阶段，田氏的主要任务已经不再是扩大势力，因为此时齐国的大权几乎都掌握在他们田氏手里了。

他们现下最主要的任务，是取得其他诸侯国的承认，甚至是周天子的册封，以一个合法、公开的身份取代吕氏。

而此时，田氏家主之位已经传到了田完的九世孙，也就是田和的手里。与之相对应的，姜姓吕氏齐国的国君之位也传到了齐康公的手里。

齐康公在位的十四年里，相国田和大权独揽，齐康公干脆就沉迷于酒色，从不过问国政。田和后来就顺理成章地将这位自我放弃的国君放逐到一座遥远的海边小城，让他在那里继续供奉姜姓齐国的祖先。

在此之前，在齐国之外的晋国也发生了一桩大事。晋国的赵、韩、魏三大家已经完成了对晋国土地的瓜分，在公元前403年正式成为三家诸侯国，战国群雄纷争的号角已经吹响。

在此纷争局势之下，田和也有一争之心。在三年之后，田和与魏国国君魏武侯在浊泽见了一面，并通过魏武侯向周天子表达了想列为诸侯的想法。此时的周天子本就是自身难保，便做了个顺水人情。

周安王十六年（公元前386年），田和正式被册封为诸侯，在周王室的谱籍中列名，正式开始田氏齐国的纪年元年。

随着这场正式册封，这场鸠占鹊巢的田氏代齐也就此完成。

《史记》原典精选

三年,太公与魏文侯会浊泽①,求为诸侯。魏文侯乃使使言周天子及诸侯,请立齐相田和为诸侯。周天子许之。康公之十九年,田和立为齐侯,列于周室,纪元年。

——节选自《田敬仲完世家第十六》

【注释】

❶ 与魏文侯会浊泽:浊泽之会为公元前389年,此时魏文侯已死,应该是魏武侯。

【译文】

(太公迁康公于海上)三年之后,太公与魏武侯在浊泽会面,请求周天子和各国承认自己为诸侯。魏武侯就派使臣去和周天子及诸侯说,请求立齐国相国田和为齐侯。周天子答应了。齐康公十九年(公元前386年),田和被封为诸侯,在周王室的谱籍中列名,这一年就是田和称诸侯的元年。

大斗小斗

田乞用"小斗进,大斗出",施惠于民的方式收买人心。古代还有很多人将这个方法反过来用以盘剥获利,也就是"大斗进,小斗出;大秤进,小秤出"。成语"大斗小秤"就是从此中演化而来,意指用超出标准的斗收进,小于标准的秤贷出,进行盘剥克扣。

08 邹忌改革：从小事中悟出治国道理

人　　物：邹忌
别　　称：驺忌、邹子
生 卒 年：约公元前385年—公元前319年
出 生 地：齐国
历史地位：齐国的大臣，以善于劝谏而出名

人物小传

田和被册立为齐侯的第二年便去世了，史称齐太公。

田和去世后，他的儿子田午即位，史称田齐桓公。

要说这位田齐桓公在位期间的高光时刻，要数他创办了稷下学宫一事，稷下学宫旨在招揽天下贤士，而这也奠定了之后田氏齐国因"才"兴国的基础。

公元前356年，田齐桓公去世，他的儿子田因齐即位，史称齐威王。也是在这一年，被放逐到海边小城的吕氏齐国最后一位国君——齐康公去世了，他没有留下后代，自此齐国境内的所有封地都归田氏所有。

琴谏齐王

齐威王刚刚即位时,不理国政,委任卿大夫处理政事,诸侯国一起前来讨伐,齐国人都不安宁。

见状,邹忌就很想劝谏齐威王,他凭借自己擅长弹琴这项技能得以觐见齐威王。邹忌在田齐桓公时就是齐国的重要大臣。齐威王见他弹琴技艺了得,便开心地留他在宫中住下,时常交流琴技。

某一日,齐威王正在弹琴,邹忌推门走了进来,说道:"大王的琴弹得真不错!"

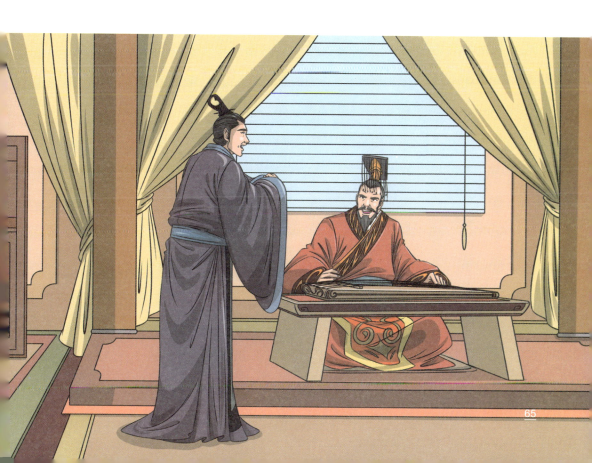

齐威王十分不高兴，他推开琴对邹忌说："先生并没有认真聆听琴音，如何知道弹得不错呢？"

邹忌继续道："大弦发出的声调浑厚而温和，这就像国君宽和的气度，小弦发出的声音明晰且清脆，这就像相国的精明干练；将弦按下时很深，放开时又很舒缓，就像政令的张弛有度；如此结合，弹奏出的声音和谐清亮，大小弦声完美配合，曲折婉转却又不会相互干扰，就像四时的循环往复。臣是凭借这些知道大王您弹得不错。"

齐威王这才放开按住宝剑的手，说道："你倒是很擅长评论音乐。"

邹忌却说："臣谈论的不是音乐，而是在说治理国家和安抚百姓的道理。"

齐威王再次不满地说道："论乐理，我相信无人比得上先生，但要说治理国家和安抚百姓的道理，又怎么会与音乐混为一谈呢？"

邹忌道："方才我说大王您弹奏的琴音循环往复，却不混乱。治理国家也是如此，循环往复却又不混乱的原因，在于国家政治昌明；节奏连贯而流畅，才能使危险的局面转为安定。所以臣才说，琴音与国政相通。"

齐威王听后十分满意，三个月后就将邹忌任命为齐国的相国。

淳于髡（kūn）见状就对他说："你真是很会说话呀！我有几点不太成熟的看法，想说给你听。"

邹忌说："愿意聆听您的教诲。"

淳于髡说："服侍国君礼节周全才能身名两全；恭敬地与周围的人搞好关系才能正常运转；依附于万民之中才能无缝可攻击；朝中即使无君子可用，也不要让小人混入其中；时常矫正法令，督察那些奸猾的官吏，不要让他们为非作歹。"

邹忌恭敬地采纳了淳于髡的五条建议，并用到了后来的改革中。

邹忌改革

邹忌任齐国相国期间，齐威王令他进行政治改革。邹忌改革，与韩国的申不害变法、秦国的商鞅变法，几乎是同一时间发生的事情。

邹忌主要推行法家政策，他采纳了淳于髡的建议，"谨修法律而督奸吏"：他主张修正法令，用法令条例来监督官吏，选择德行兼备的君子来担任官吏，而对奸佞小人进行惩罚，同时推选得力的大臣坚守四方边境。

他还劝谏齐威王广开言路，奖励群臣吏民直言进谏。

邹忌的一系列变革，使得齐国国力日渐富强。而齐威王也不吝啬，将下邳封给了邹忌，并赐予他成侯的封号。

从齐威王对邹忌的封赏，就可以看出他是一个极为爱才的贤君。邹忌的改革也让齐威王获得了许多人才。齐威王很重视这些人才，把他们都看作珍贵的宝物。

某一次，齐威王和魏国的国君魏惠王相约在郊外打猎游玩。魏惠王突然一脸炫耀地问齐威王："大王，您有珍贵的宝物吗？"

齐威王不明其意，干脆直接地回答："没有。"

魏惠王十分不理解，继续说道："大王别开玩笑了。像我们魏国这样的小国，马车的前后还缀着直径达一寸的夜明珠呢，而这样的马车我有足足十二辆，每辆马车上都有十颗这样的夜明珠。像您齐国这样坐拥万乘兵力的大国又怎么会没有宝物呢？"

齐威王轻笑着说道："那看来，我眼里的'宝物'与大王眼里的并不相同。我有一个大臣，名叫檀子，我派他守卫南城，楚国的军队便不敢进犯东方，泗水附近的十二诸侯全部前来朝见；我有个大臣，名叫盼子，我派他守卫高唐，赵国的军队便不敢来到东边的河中捕鱼；我有个大臣，名叫黔夫，我派他守卫徐州，燕国的人便时常来到北门祭祀以求得平安，赵国的人也经常来到西门祭祀以求得平安，随着他迁家落户的百姓有七千多家；我还有个臣子，名叫种首，我派他惩治盗贼问题，如今路上掉下东西都没人捡走。这些能臣贤士的价值可比十二辆车上缀的夜明珠加起来更高，光芒也比其更盛，能够照耀千里！"

魏惠王听后十分不痛快地离开了。

人才济济

那时的齐国是一个人才济济的国家，有邹忌为相国、孙膑为军师、田忌为将领、淳于髡为卿大夫，各诸侯国的国君都对齐威王羡慕不已。

这都得益于邹忌推行的"谨择君子"的政治政策。

其中的军师孙膑，是孙武的后代子孙。他本来与庞涓一起学习兵法，且处处胜过庞涓，庞涓对此有所不服。后来庞涓当上了魏惠王的将军，但他始终忌惮孙膑，便将孙膑骗到魏国，以莫须

有的罪名将孙膑的双脚砍去，还在他的脸上刺了字，想让他从此以后不敢再出现在人们面前。

但明珠终不会蒙尘，某次齐国的使者来到魏国的都城大梁，孙膑以刑徒的身份偷偷会见了使者。使者听完了孙膑一番游说，觉得他是少有的人才，便偷偷将他请上马车载回了齐国。

孙膑到了齐国之后，在大将军田忌的府中暂住，田忌对待他如同对待上宾一般尊敬。

说起齐国的这位大将军田忌，他有一个特别的爱好，那就是赛马。他经常与齐国的诸位贵公子一起赛马，还会设下重金作为赌注。

孙膑总是在旁观看比赛，很快就发觉了里面的门道：他们的马脚力都差不多，可分为上、中、下三个等级。

于是，孙膑找到田忌，对他说："您下次只管下最大的赌注，我有办法让您取胜。"田忌十分信任孙膑，等到下次与齐威王还有诸位贵公子比赛时，直接下了千金的赌注。

比赛开始前，孙膑对邹忌道："现在请您用您的下等马来和他们的上等马比赛，用您的上等马来和他们的中等马比赛，用您的中等马来和他们的下等马比赛。"

赛马是三局两胜制，孙膑的办法让田忌输了一场，但有两场胜利了，稳稳地赢了。最终，田忌赢了齐威王与诸位贵公子的重金赌注。

这就是著名的"田忌赛马"的故事。

以小见大，孙膑的谋略与才智也被齐威王注意到了，田忌就将孙膑推荐给齐威王。之后，齐威王向孙膑讨教用兵之法，受益匪浅，把他奉为老师一般的存在。

桂陵之战

有一次，魏国攻打赵国，赵国在危急关头向齐国请求援助。齐威王打算任命孙膑为将领，然而孙膑却推辞说："大工，我是受过酷刑肢体残缺的人，恐我不能胜任主将的位置。"

于是，齐威王就任命田忌作为主将，而孙膑为军师，坐在带有帐篷遮挡的车中，为田忌暗中出谋划策。

面对赵国的求援时，田忌想要直接奔向赵国驰援，却被孙膑拦住，他解释道："想要解开乱成一团的丝线，就不能生拉硬扯；同理，想要解救身处乱斗中的一方，就不能让自己卷进搏斗中去。"

田忌觉得他说得很有道理，就继续问道："那我们应该怎么办呢？"

孙膑说道："我们应该找到争斗者的要害进行攻击。这样就能让争斗者为了自保，而自行退出战局。如今魏、赵两国互相攻打，在赵国厮杀的必定是魏国的精锐部队；而留守在魏国都城的必定是老弱残兵。与其去攻打魏国的精锐部队，不如将军您火速率领军队向魏国的都城大梁行进，去占据它的交通要道，冲击它虚弱的后方部队。魏国一定会放弃攻打赵国，而赶回大梁救援的。如此，我们不仅解救了赵国的危难，还可以让魏军疲于奔命、损失惨重。"

田忌听完觉得十分有道理，就按照孙膑所说的去做了。

后来，果然如孙膑预测的那样，魏军得知消息后，火速班师回援，而田忌就埋伏在魏军回去的必经之地——桂陵截击魏军，将魏军打得大败。

此次战役史称"桂陵之战"，这也是著名的"围魏救赵"的故事。

马陵之战

十三年以后，魏国为了弥补自己在桂陵之战的损失，发兵攻打韩国。韩国也选择向齐国请求援助。齐威王再次任命田忌为主将，孙膑为军师，直接向魏国的都城大梁进发。魏国的将领庞涓知道后，火速撤离韩国赶回魏国。

但此时田忌和孙膑一行人已经越过了魏国的边境，向魏国的腹地挺进了。

孙膑对田忌说："魏国的军队一向以剽悍勇猛著称，素来看不起齐国的军队，齐国的军队被他们称作怯懦、投机取巧的人。善于指挥作战的将领，就要站在对方的角度，将计就计，顺着对方的认知进行分析，再加以诱导。兵法上不是说过吗：每日急行百里去和敌人交战的军队，有可能会损失领军的将领；每日急行五十里去和敌人交战的军队，有可能会损失一半的兵力。"

田忌问："那我该如何做呢？"

孙膑继续说："将军可以下令齐国军队在进入魏国境内后，先在驻扎的地方设下十万个炉灶，一天后，设下五万个炉灶，再过一天后，设三万个炉灶。这样就可以让自大的庞涓以为我们齐国军队有很多逃兵，就会掉以轻心，如此我们便有机可乘。"

田忌觉得他说得很有道理，于是照做了。

另一边，庞涓带领魏国军队连续急行军三天，终于看到了齐军的行军痕迹。

当他一路上看到齐国军队每天做饭的炉灶数目越来越少，理所当然地以为齐国军队逃兵日益增多，十分开心。他开口嘲笑道："哈哈哈哈！虽然我本来就对齐国军队怯懦的性格有所耳闻，但万万没想到竟然怯懦到了这个地步！齐国军队这才进入我魏国境内不过三天，就已经逃跑了一大半的士兵！可笑！真是太可笑了！"说罢，他更加迫不及待地想要见到老对手孙膑了。

于是，他丢下行进速度缓慢的步兵，只带着可以轻装上阵的精锐骑兵，日夜兼程地追击齐军。

而孙膑也早就估算出了庞涓与骑兵们的脚程，在马陵这个地方设好了埋伏。

马陵此处道路狭窄，两旁地势险峻，最适合埋伏作战。孙膑叫人剥去道路旁一棵树的树皮，在露出白树干的地方刻下"庞涓死于此树下"的字样。然后调集来一万名善于射箭的士兵，吩咐他们埋伏在山路两旁，并对他们说："一会儿天黑之后，你们只要看见有火把照亮的地方，就朝那里射箭。"

天黑之后，庞涓果然出现在马陵山路上，当他走到被剥去树皮的大树旁时，隐约看见树上有字，便叫人点亮火把想要将字看清楚，谁知那行字还没读完，埋伏在两旁的齐军就已万箭齐发。

庞涓见状就知道自己大势已去，没有活路了。临死之前，他苦笑着叹息："终究还是成就了孙膑这小子的好名声！"

庞涓一死，魏军大乱，被齐军打得溃不成军。此次战役，史称"马陵之战"。

桂陵、马陵两次大战，齐军都大败魏军，魏国太子被俘、国力逐渐衰败。而孙膑也从此名扬天下，他所写的兵法也在世上广为流传。

因为援救了赵、韩两国，齐国的威望上升，国力迅速发展，成为当时数一数二的强大国家，齐国也因此称雄于诸侯。

公元前334年，魏惠王率领韩国和一些小国到徐州朝见齐威王，尊齐威王为王，齐威王不敢独自称王，于是也承认魏惠王的王号。齐威王和魏惠王在徐州签订同盟条约，互相承认对方为王，史称"徐州相王"。

徐州相王后，齐国继续保持了它强劲的发展势头，但魏国却逐渐走上了下坡路，直到灭亡。

《史记》原典精选

孙武既死,后百余岁有孙膑。膑生阿、鄄之间,膑亦孙武之后世子孙也。孙膑尝与庞涓俱学兵法。庞涓既事魏,得为惠王将军,而自以为能不及孙膑,乃阴使召孙膑。膑至,庞涓恐其贤于己,疾①之,则以法刑断其两足而黥之,欲隐勿见。

——节选自《孙子吴起列传第五》

【注释】

❶疾:憎恶,忌恨。

【译文】

孙武死后,过了一百多年,又出了一位军事家孙膑。孙膑出生的地方位于齐国的阿邑、鄄邑之间,也是孙武的后代子孙。孙膑曾经和庞涓一起学习兵法。庞涓后来在魏国做了魏惠王的将军,他自知军事才能不如孙膑,于是暗地里派使者把孙膑骗到魏国来。等孙膑到了大梁以后,庞涓怕孙膑比自己有能力,对他非常嫉妒,就设法陷害孙膑,然后依法用刑砍掉他的双脚,并在他的脸上刺字,想让他从此不敢再出现在人们面前。

美男子邹忌

邹忌劝谏齐威王的故事,除了《史记》中有记载之外,《战国策》中也有较为详细的记载:邹忌与城北徐公比美,分别问了三个不同的对象,妻因为偏爱他、妾因为害怕他、客因为有求于他,都说他比城北徐公美。邹忌朝见齐威王时,就用自身的这段经历作比,劝说齐威王不兼听就会受到蒙蔽,最后齐威王接受了劝谏,发布政令用悬赏的方式来求群臣百姓的谏言,齐国从此走向强盛。这便是著名的《邹忌讽齐王纳谏》。

稷下学宫：战国时期的"政府智库"

人　　物：淳于髡
生 卒 年：约公元前386年—公元前310年
出 生 地：黄县（今山东省龙口市）
历史地位：战国时期政治家、思想家，齐国的卿大夫

上一篇中我们提到了"稷下学宫"，稷下学宫到底是一个怎样的地方呢？

"稷"是当时齐国国都——临淄城中一处城门的名称。"稷下"就是指临淄城稷门的附近，所以稷下学宫的字面意思就是：在临淄城稷门附近创立的一所学宫。

稷下学宫的创办从一开始就受到了齐国统治者的支持，是世界上最早的官办高等学府，也是中国最早的"社会科学院""政府智库"。中国学术思想史上蔚为壮观的"百家争鸣"，就是以稷下学宫为中心而展开的。

接下来，我们就从几个阶段来了解一下稷下学宫的发展吧。

一、初创阶段

公元前 374 年，田和的儿子田午即位，史称田齐桓公。

田齐桓公在位期间，齐国内部政权不稳，人才匮乏。田齐桓公为了吸引人才来齐国为他服务，创办了稷下学宫，并设下"稷下大夫"之号，广泛招揽天下文学游说之士。

这里的文学之士指的是研究儒、墨、道、法等诸家学说之人，游说之士则是以合纵连横游说各国的纵横家。

稷下学宫的创办也就此奠定了之后田氏齐国因"才"兴国的基础。

二、兴盛阶段

公元前 356 年，田齐桓公去世，他的儿子田因齐即位，史称齐威王。

齐威王极为爱才，任用人才时并不看重他们的出身。布衣出身的邹忌被他任命为相国；在魏国受过酷刑、身体有残疾的孙膑被他任命为军师；出身赘婿、受过髡刑（一种将人的头发全部或部分剃掉的刑罚）的淳于髡被他任命为卿大夫……

因为他善于用人且乐于纳谏，稷下学宫在他当政期间得到快速发展，规模也迅速扩大，达到了贤士云集、诸子驰说的盛况。

淳于髡是齐威王时期稷下学宫最著名的人物之一。他出身寒微，曾因犯罪受过髡刑，还是齐国的赘婿。但他凭借自己卓越的学识与才能成为最早一批入学稷下学宫的学者之一。

齐威王刚刚即位的时候，对朝政不理不问，一切政事都委托臣下帮他处理，百官们一个个胡作非为,其他诸侯国也经常乘机来讨伐齐国,齐国上下皆不得安宁。

齐威王的左右因为他的命令,都不敢劝说他。淳于髡便针对齐威王喜欢隐语的性格,对齐威王隐晦地劝谏道:"都城中有一只大鸟,落在了大王的庭院里,三年之中既不飞也不叫,这只鸟是怎么一回事呢?"

齐威王当即明白了他话中的意思,同样用隐语回答道:"这只鸟不飞就罢了,一飞就直冲云霄;不叫就罢了,一叫必使人惊诧!"

这次对话之后,齐威王开始振作起来,收束臣心。

他召集齐国境内所有县的长官入朝奏事,论功行赏,论过惩罚。对于那些勤政贤明却每每被人诋毁的臣子,齐威王能明辨是非,给他们加官晋爵;而那些总被听见赞美之词却不干实事的臣子则被诛杀以儆效尤。

原来齐威王即位之初虽然表面上沉迷酒色,背地里却派了很多人到全国各地去考察官员们的政绩。自从他这么做了之后,齐国朝中再也没有臣子敢小看齐威王了,大家都不再弄虚作假,做事也尽心尽力。

对于勇于劝谏自己的淳于髡,齐威王也委以重任。齐威王八年(公元前371年),楚国派大军讨伐齐国。齐威王命淳于髡带着黄金千镒(古代重量单位,二十两或二十四两为一镒)、白璧十对、车马百辆去向赵国求援。淳于髡凭借自己出色的口才向赵王陈明利害关系,赵王当即同意出兵,解了齐国的危机。

三、鼎盛阶段

公元前321年,齐威王去世,他的儿子田辟疆(qiáng)即位,史称齐宣王。

齐宣王是个十分开明并且热爱文学的国君,在齐宣王的身边,除了有淳于髡,还有驺衍、田骈、接予、慎到、环渊等七十多位来自稷下学宫的学者们,他们著书立说、谈论国家兴亡治乱的道理。

对待这些人,齐宣王十分慷慨,不仅给了他们"上大夫"的官职,还赐予他们豪华的宅第居住。这些人不需要担任具体的行政工作,不需要整日为政务忙碌奔波,只需要针对政事发表自己的观点,与齐宣王讨论。

齐宣王与能言善辩的文人、游说之士都十分谈得来,鼓励他们参与国事讨论,支持他们以任何形式匡正国君和官吏的错误,可以说是给了稷下学宫的学者们很高的政治地位和待遇。

因此,在齐宣王时期,稷下学宫的发展到达了鼎盛阶段,学宫里的学者数量最多的时候有成百上千人。学者们的参政议政意识空前强烈,稷下学宫可以说是齐国的"政府智库"。

而且有意思的是,稷下学宫并非只招收齐国人,学宫中有很多来自其他诸侯国的学者,如慎到、荀子是赵国人,环渊是楚国人,宋钘是宋国人。

不仅人员来源复杂,学者们研究的方向也五花八门,学派众多。当时的稷下学宫,有儒家、墨家、法家、道家之黄老学派、道家之老庄学派、阴阳五行家、杂家、名家、兵家、小说家、农家、医家等各种学派,号称"百家"。

他们在稷下学宫定期举行学术期会,主要内容是演讲和辩论。期会由德高望重的学术领袖主持,称为"祭酒"。荀子就曾在稷下学宫三为祭酒,是学宫中资历最老的一位先生,孟子也曾在稷下学宫长住。

争鸣辩驳是稷下学宫最精彩、最热闹的场面。学者们辩论的形式不拘一格：既有不同学派之间的论战，又有学派内部不同观点之间的纷争；既有同辈学者之间的探讨，又有先生与学子之间的对话。

大家在争辩中不断碰撞出新的思想火花，互相启发、互相借鉴，各家学派的学术思想百花齐放、兼容并包，出现了"百家争鸣"的盛况。

齐国也因此成为当时的文化中心。

《史记》原典精选

宣王喜文学游说之士，自如驺衍、淳于髡、田骈、接予、慎到、环渊之徒七十六人，皆赐列第①，为上大夫，不治而议论②。是以齐稷下学士复盛，且数百千人。

——节选自《田敬仲完世家第十六》

【注释】

❶ 列第：一座座排列成行的豪华宅第。
❷ 不治而议论：不负责具体政务，只管发表议论。

【译文】

齐宣王喜爱文学及能言善辩的游士，如驺衍、淳于髡、田骈、接予、慎到、环渊这样的人有七十六个，全都被赐予了宅第，让他们担任上大夫。这些人不用负责具体的政务，只需要发表议论。所以，齐国稷下学宫里的学者又多了起来，达到数百甚至上千人。

一鸣惊人是谁的故事？

小读者们读到这篇故事的时候会不会有一个小小的疑惑："一鸣惊人"的故事是不是在哪里看到过？没错，在第二册讲楚庄王的故事时，伍举劝谏楚庄王也用了这个隐喻。楚庄王"一鸣惊人"的故事最早见于《韩非子·喻老》中的记载，比记载齐威王"一鸣惊人"的《史记》成书年代要早，楚庄王比齐威王所处的年代也要早，所以不排除淳于髡和齐威王听说过楚庄王故事并借用的可能。

10 好客养士：鸡鸣狗盗也会有大用处

人　　物：孟尝君
别　　称：田文
生 卒 年：？—公元前279年
出 生 地：临淄
历史地位："战国四公子"之一，以好客养士出名的齐国贵族

人物小传

　　公元前301年，齐宣王去世，他的儿子田地即位，史称齐湣王。

　　齐湣王即位后，孟尝君田文专权，到了"他国的人听说过齐国有位孟尝君田文，却不知道齐王是谁"的地步。

　　田文是靖郭君田婴的儿子。

　　田婴是齐威王的小儿子，齐宣王的异母弟弟。从齐威王时起，田婴就开始在朝中任职，后来被封在了薛地，位高权重，权倾一时。

　　田文虽然是权臣田婴的儿子，但在刚出生时却差点夭折了，原因十分离奇，只因他是五月五日出生的。

智辩父亲

靖郭君田婴有四十多个儿子，田文是他一个不受宠的小妾所生，生于五月初五。齐国当时有个糟糕的风俗，说这个日子出生的小孩长大后会使父母遭殃，更糟糕的是田婴很相信这一说法。田婴就命令田文的母亲说："快扔掉他，不准你养活这个孩子。"

幸好，田文的母亲不忍心，就没有听从他的话，而是偷偷地将田文养大。

等到田文长大后，他的母亲觉得时机已经成熟了，才让他和他的兄弟们一起去拜见田婴。

结果田婴一见到这个孩子，一句关心的话都没说，反而十分生气地责问田文的母亲："我当初明明让你把这个孩子扔掉，你为何没有照做？"

田文见母亲一脸害怕地说不出话来，连忙上前去替母亲回话。

他先是很懂礼貌地叩拜在地，而后抬头问父亲："您为何不愿意养育我？五月初五出生是一种过错吗？"

田婴理所当然地说道："人们都说，五月初五出生的孩子，长到和家里的门户一样高时，就会祸及父母！"

田文继续问道："一个人命运的好坏是由上天决定的呢，还是由家里门户的高矮决定呢？如果是取决于上天，那您有什么好操心的呢？如果是取决于家里门户的高矮，那您只要把门户修得高高的就行了，又有谁能长得过您刻意修高的门户呢？"

田婴一时语塞，眼瞧着自己说不过他，便拂袖而去。

在这之后，田婴默许了田文这个儿子住在家中，两人过得也算相安无事。

但田文并不放弃给父亲找事儿。

某一天,田文瞧见父亲正得空闲,便上前提问道:"父亲,我问问您,儿子的儿子叫什么?"

田婴回答道:"叫孙子。"

田文又问:"那孙子的孙子叫什么呢?"

田婴回答道:"叫玄孙。"

田文继续问:"那玄孙的孙子叫什么呢?"

田婴已经有些不悦了,他十分敷衍地说:"我不知道。"

田文见状换了个话题继续问:"父亲,你在齐国担任相国执掌大权有多长时间了?"

还不等田婴开口,田文就继续说道:"到如今,已经历经三代国君了吧?在此期间,齐国的领土没有扩大,而您的私家财产却一直在上涨,囤积有万两黄金之多。

"可即便您如此有权有钱,您的门下却连一个贤能的门客也看不到。

"我听说,将军的家中必定能出将才,相国的家中也必定能出相才。可看看您的家中,您的姬妾们可以随意地浪费绫罗绸缎,贤士们却穿不上粗布短衣;您的奴仆们有吃不完的山珍海味,贤士们却连糠菜都吃不饱。

"您现在还一个劲地存钱囤粮,想把钱粮留给一个您自己都不知道叫什么的后代子孙,却看不见如今齐国在诸侯国中的地位一天不如一天的危机。我作为一个小辈,看到您如此做法也是十分不理解。"

田婴听完儿子田文这一连串的陈述,再次沉默了。从此以后,田婴开始重用田文,他不再把田文仅仅当作一个孩子对待,而是让田文来主持家中的事务,接待登门的宾客。

自田文掌事以后，田府中宾客来往不断，几乎要踏破了门槛。

而田文待客有道的名声也很快在齐国上下广为流传，甚至还传到了其他诸侯的耳朵里。田婴去世后，田文众望所归地继承了他父亲的爵位，史称孟尝君。

好客养士

承袭爵位后的孟尝君风头更甚，养起门客来也更加肆无忌惮。

他喜爱招揽来自各诸侯国的宾客，且不看他们的出身、本领。他门下的宾客中甚至有不少在其他诸侯国犯下罪状逃亡过来的人。

在他家里宾客最多时有好几千人，孟尝君对所有门客都以礼相待，不分贵贱，宁可倾尽他父亲当年积攒下来的万金家财，也要给门客们丰厚的待遇。

曾经有一次，孟尝君在夜间招待来府上的宾客吃饭，当时屋子里的光线不好，有一个宾客背着光吃饭，导致另外一个宾客误以为他的饭食比其他人的好。这个宾客心理不平衡了，当场站了起来道出自己的疑惑："他面前的饭食为何看起来比其他宾客的要丰盛？我听闻孟尝君待客以礼的名声天下闻名，没想到您的府上竟然会出现这样的事。"

孟尝君听说后马上站了起来，亲自端着自己的饭食走到那位有疑惑的宾客面前。

这时，众人都围了上来，发现就连孟尝君的饭食都是和大家一模一样的，更不存在对某个宾客搞特殊对待了。那个怀疑的宾客当即羞愧得无地自容。

而孟尝君礼待宾客的名声更盛了，天下的贤士无不心甘情愿归附孟尝君。

秦国的秦昭襄王听说了孟尝君的贤能之名，便想要见一见这位孟尝君。为此，

秦昭襄王不惜派出自己的弟弟泾阳君到齐国做人质，交换孟尝君到秦国去见他。

秦国此时像虎狼一样凶狠，孟尝君的门客们都劝他不要去，以免羊入虎口，孟尝君这才决定拒绝秦昭襄王的邀请。

然而，公元前299年，齐湣王还是将孟尝君派去了秦国。

孟尝君刚到秦国，秦昭襄王就将他任命为秦国的相国，这下秦国朝中都是反对的声音。

有臣下劝秦昭襄王说："孟尝君的贤能毋庸置疑，我知道您有爱才之心。但他与齐王拜的可是同一个祖宗啊！他若是出任秦国的相国，谋划事情的时候必定会先替齐国做打算，将相国的位置交给这样一个人，秦国就要有危险了！"

秦昭襄王听后觉得他说得很有道理，于是改变了主意，不仅罢免了孟尝君的秦相之位，还派人把他囚禁起来，准备处死。

但幸好，孟尝君靠着他养的身怀绝技的门客们，成功地从秦国这个虎狼之地逃了出来。

那么，孟尝君被秦昭襄王囚禁时经历了什么？他又是如何逃出来的呢？

狗盗脱困

孟尝君被囚禁后，做的第一件事情就是托人四处求情。在一个门客的建议下，他悄悄派人求到了秦昭襄王的一个宠姬那里。

孟尝君的人见完宠姬后，回来对孟尝君说："她说可以为您向昭王求情，但您也要给她她想要的。"

有了这句话，孟尝君像溺水之人抓住了救命稻草一样，急切地问："她要什么？"

这人继续传话道:"她说早就听说您有一件白色狐狸皮做的大衣,品质上乘,价值千金,是世上难得一见的宝贝。如果您愿意把这件白狐裘送给她,她就能帮您在昭王面前说好话。"

听到这话后,孟尝君颓然地坐到地上,只觉得刚刚燃起的希望之火又熄灭了。

因为这个宠姬想要的白狐裘,他早在一到秦国时就送给了秦昭襄王。如今白狐裘就在秦宫之中,可他如何才能拿得到呢?

孟尝君为此很伤脑筋,他将新的问题拿出来问自己的门客们。就在众人面面相觑的时候,角落里一个人站了出来,自告奋勇地说:"让我去把它偷出来。"

这个人是此次跟随孟尝君出行的门客中最不起眼的一个,以善于偷盗而出名。

当天夜里,这个人就从宫墙的一处狗洞钻进了秦宫,蹑手蹑脚地避开守卫,寻到了宫中的仓库,顺利地将那件白狐裘偷了出来。

宠姬得到孟尝君派人送来的白狐裘后,按照当初说好的那样,替孟尝君求了情,秦昭襄王就让人解除了对孟尝君的囚禁。

鸡鸣骗关

因为害怕秦昭襄王反悔,孟尝君一刻也不敢耽搁。一被释放,他立马让人准备好马车,又伪造了通行证,然后带着门客们连夜出逃。

然而,等他们一行人抵达函谷关门前时,却发现函谷关的城门关得紧紧的。

门客假意说有急事需要出关,请求守关的士兵开门放行,却被告知函谷关守关的规定是:只有等到鸡叫时才能敞开关门,否则他们会受到严厉的惩罚。

孟尝君眼前一黑,要等到天亮还要好长一段时间,万一秦昭襄王派人追来,他们的性命又将堪忧。

在这危急关头,他的门客中又有一个人主动请缨,说自己素来学鸡叫学得惟妙惟肖,可以试试看。

只见他站在原地,将手拢在嘴边:

"喔喔喔……喔喔喔……"

那声音竟和雄鸡报晓的叫声没什么区别。他接连叫了几声,引得城门附近住户家里的雄鸡全都跟着叫了起来。

函谷关守门的士兵们听到鸡叫,便将关门打开,孟尝君一行人拿出提前伪造好的通行证终于顺利逃出函谷关。而等他们过关不到一顿饭的工夫,秦昭襄王的追兵就追到了函谷关下。幸亏有这位擅长鸡鸣的门客,不然孟尝君就真的危险了。

当初,孟尝君收留这两个门客时,其他门客还觉得要与擅长"偷盗"和"鸡鸣"的人同席而坐是一种耻辱,如今却因为他们的"特长"而获救,大家纷纷夸赞起孟尝君广招门客、不看出身的做法是多么富有远见。

由此可见,就算是旁门左道,偶尔用对了地方,也会有大用处。这就是成语"鸡鸣狗盗"的故事。

《史记》原典精选

孟尝君在薛，招致诸侯宾客及亡人①有罪者，皆归孟尝君。孟尝君舍业厚遇之，以故倾天下之士。食客数千人，无贵贱一与文等。

——节选自《孟尝君列传第十五》

【注释】

❶ 亡人：逃亡在外的人。

【译文】

孟尝君在薛邑时，招揽了来自各国的宾客以及因犯罪而逃亡在外的人，他们都依附于孟尝君门下。孟尝君拿出自己的家产来好好招待这些人，因为这个缘故，天下的士人都慕名而来。他的食客有好几千人，无论出身贵贱，大家的待遇都与他本人是一样的。

成语——鸡鸣狗盗

鸡鸣狗盗的故事妙趣横生，又耐人寻味。以"好客养士"著称的孟尝君在生死攸关之际，依靠门客的鸡鸣狗盗之技逃过了一劫，鸡鸣狗盗的故事因此流传了下来，还演变为一个成语。

但是，因为鸡鸣狗盗之技本身就与欺骗、偷盗有关，难登大雅之堂，所以这个词也被用来形容偷偷摸摸的行为或低贱卑下的技能，亦指具有这种技能或行为的人。

11 孟尝君任齐相：起起落落，顺其自然

人　　物：冯欢
别　　称：冯谖
生 卒 年：不详
出 生 地：齐国
历史地位：孟尝君门下的食客之一，在孟尝君遭齐王猜忌时，游说国君，使孟尝君威名重立

人物小传

孟尝君从秦国逃出来后，几经周折才回到齐国。

齐湣王听说了孟尝君在秦国的遭遇后，心里感到不安，总觉得是因为自己派遣孟尝君去秦国才让他差点遇害。为了弥补孟尝君，齐湣王就任命他为齐国的相国，让他管理国家大事。

担任齐相

孟尝君当上齐相之后，因为怨恨秦国，准备联合韩国、魏国一起攻打秦国，同时向西周公国的国君借粮。

但西周公国那边却来人劝他说:"您如果削弱了秦国,韩、魏两国的西面就没有了来自秦国的威胁,那危险的就是齐国了。"

孟尝君觉得他说得很有道理,就放下私人恩怨,派人去秦国表示友好。

即使这样,孟尝君的这个相国之位坐得也不是很安稳。

因为几年之后,孟尝君的名声愈来愈大,让齐湣王感觉到了威胁。恰巧此时有小人在齐湣王跟前搬弄是非,声称孟尝君这是想要谋反了。

齐湣王当时并没有相信。但等到朝中真的发生了政变时,他便开始怀疑:这场叛乱是不是孟尝君策划的?

为了远离是非,避免背锅,孟尝君逃走了。

这时,有一个人上书齐湣王,言辞恳切地陈述孟尝君绝对不会叛乱,并愿意用自己的性命担保。

齐湣王大为震惊,便下令彻查此案,才发现孟尝君果然没有叛乱的迹象。他准备召回孟尝君重新担任齐国相国,但孟尝君却被他的做法伤了心,推托说自己的身体抱恙,请求辞去官职回乡养老,齐湣王答应了他的请求。

那么,这个人为什么会愿意为孟尝君做到这个地步呢?

原来在孟尝君担任相国期间,有一次派家臣魏子去薛地替他收取封邑的赋税,魏子去了三次,三次都空手而归。

孟尝君就很疑惑地问他:"为何你去了三次都没收到赋税呢?"

魏子回答说:"当地有一位十分贤德的人,他遇到了一些困难,我自作主张用您的名义把赋税都送给了他。"

孟尝君听后十分生气,便打发走了魏子。可多年后正是这位懂得感恩的贤士,一听说孟尝君有难,立马拼上性命也要报答孟尝君。

食客冯欢

有趣的是,孟尝君担任齐国相国的时候,前来依附他的门客高达三千人,可后来齐湣王罢免了孟尝君的官职,降罪于他时,三千门客纷纷离他而去,只有一个名叫冯欢(《战国策》中记作冯谖)的门客对他说:"请借给我一辆车,让我去秦国一趟。我一定能游说秦国国君来争抢您,这样齐湣王就不敢再轻视您了。"

而后冯欢果然说得秦王心动,派出十辆马车载着重金来请孟尝君到秦国去。

齐湣王听到消息后,马上召见孟尝君,并恢复了他的相国之位,还给他增加了封邑。

冯欢在城门口迎接孟尝君,一见面孟尝君就对他感慨道:"我平日里对待宾客那么好,没有不周到的地方。可他们看到我被罢官后,居然都离我而去,这是为什么呢?"

冯欢郑重地回答道:"万事万物都有其既定的规律。凡是活着的东西最终都会有死亡的一天,这是既定的规律;一个人富贵的时候门客络绎不绝,贫困的时候朋友变少,这也是难免的事情啊。您见过人们赶集的样子吗?天刚亮的时候,人们都侧着身子往集市里面挤;但等到日落之后,人们哪怕经过市集也不会多瞧一眼。这不是因为人们喜欢早晨而厌恶傍晚,而是因为集市已经关门了,他们所需要的东西,集市已经不能给他们了。这也是您失去官职后,他们离开您的原因。"

听完这番话,孟尝君连忙向冯欢致谢说:"听了先生一番话,我才豁然开朗。我会像过去一样对待他们。"

从此之后,孟尝君在相国之位上起起落落,但对门客们的去留,他都是抱着顺其自然的心态:身处低谷时有人离开,他不强留;身处高位时,这些人回来投靠,他也从不难为他们。

《史记》原典精选

齐王惑于秦、楚之毁，以为孟尝君名高其主而擅齐国之权，遂废孟尝君。诸客见孟尝君废，皆去。冯欢曰："借臣车一乘①，可以入秦者，必令君重于国而奉邑益广，可乎？"

——节选自《孟尝君列传第十五》

【注释】

❶一乘：犹言一辆，古称一车四马为一乘。

【译文】

后来齐王听信了秦国和楚国对孟尝君的诋毁，认为孟尝君的声望比他这个君主还要高，而且还独揽齐国的大权，于是罢免了孟尝君的职务。孟尝君的众多门客见到孟尝君被罢免，都离开了。这时冯欢对孟尝君说："请借给我一辆车，让我前往秦国，我一定会想办法让您在齐国重新受到重视，而且封邑得以扩大，可以吗？"

战国四公子

战国末期，随着秦国的日益强大，各诸侯国的贵族们为了拯救本国，都在竭尽全力地网罗人才，导致养"士"之风盛行，这里的士包括学士、方士、策士或术士以及食客。因为是寄食在贵族门下并为之服务的人，所以也被称为门客。

当时有四个养"士"最为出名的人，他们是孟尝君田文、信陵君魏无忌、平原君赵胜和春申君黄歇。因为四人都是战国时期门客众多、名声在外的贵族，所以后人称他们为"战国四公子"或"战国四君"。

12 齐秦互帝：比"东邪西毒"更精彩的大戏

人　　物：苏代
生 卒 年：不详
出 生 地：东周洛阳（今河南省洛阳市）
历史地位：战国时期纵横家，纵横家苏秦的弟弟

公元前288年，秦国已经发展为当时很强大的诸侯国，秦昭襄王难免产生了一些骄纵情绪，为了显示自己身份地位的不同，他不愿再和其他诸侯一样称王，想要称帝。

为了避免同样强大的齐国反对，他在自封为西帝后，派遣魏冉为使者去齐国尊称齐湣王为东帝。

东西二帝

魏冉是秦昭襄王的舅舅，从秦惠文王时期就在朝中担任要职。这次秦昭襄王派他在秦、齐两国之间牵线搭桥，表面上是有意和齐国"握手言和"一起称帝，实际上打的却是想拉拢齐国一起攻打赵国的小算盘。

但谁承想,魏冉前脚刚到齐国,后脚又有一个人来到齐国,此人正是从燕国来的苏代(《战国策·齐策》中说来的人其实是苏秦)。

齐湣王在章华东门接见了苏代,并问他道:"秦昭襄王派魏冉来劝我和他互称东西二帝,说说你的看法如何?"

苏代回答道:"我觉得大王您可以暂时对秦昭襄王那边说接受了这个提议,但请不要立刻自称为帝。"

齐湣王问道:"哦,这是为何?"

苏代继续道:"您可以等秦昭襄王称帝后,观察一下天下诸侯对此事的态度,如果天下能容忍秦昭襄王这个'西帝',您再紧随其后称东帝也不迟,还能获得一个谦让的美名。可如果秦昭襄王称帝的行为遭到了天下诸侯的反对与指责,您就不要再称帝了,此时可以趁机收买人心,这将是大好的机会啊!"

齐湣王觉得十分有道理,示意苏代继续分析下去。

苏代便又道:"再说了,天下并立东西二帝后,大王您觉得天下诸侯会更尊重齐国呢,还是更尊重秦国呢?"

齐湣王审视了一下两国实力,不得不承认说:"那应该是秦国。"

苏代接着问道:"那如果您明明有机会称帝,却自愿放弃了帝王之名,天下诸侯是更喜爱齐国呢,还是更喜爱秦国呢?"

齐湣王不假思索地回道:"齐国。"

苏代又道:"那不如大王您再想一想,宋国的国君像夏桀一样暴虐不堪,诸侯称其为'桀宋'。您觉得是与秦国订立盟约一起讨伐赵国对您更为有利,还是讨伐饱受暴政之苦、民心离散的宋国更为有利呢?"

齐湣王回答道："那当然是讨伐宋国了。"

苏代一番分析利弊后，总结道："所以我方才说大王不要立刻自称为帝。我希望大王能昭告天下说自己放弃称帝，借此机会收拢天下人心。您抛弃称帝约定，不与秦国为伍，诸侯的关注点就会聚集在秦国身上，和秦国闹矛盾，而大王您则可以利用这段时间攻打宋国。等大王把地理位置特殊的宋国收于囊中，就可以威慑周边的卫国、赵国、楚国和魏国。他们心生畏惧，就会归附于您。而大王也会因为放弃称帝和讨伐桀宋这两件事获得更大的威望，被天下人尊崇，这可是如同商汤、周武王替天行道一样的义举啊！"

最后，齐湣王被苏代说动，放弃称帝，仍然称王，秦国见状也只好放弃了称帝。

苏代善辩

从苏代一步一步劝说齐湣王放弃称帝的故事来看，他是个机智聪敏、能言善辩的人。

苏代是苏秦的弟弟，他们还有一个弟弟名叫苏厉。苏代和苏厉看到哥哥苏秦在七国之间采取分化拉拢的手段实现了志向，就也发奋学习纵横之术。

长大成人后，他们和哥哥苏秦一样游说列国。

苏代先是效力于东周公国、楚国，后来效力于燕国。

苏代人生中的高光时刻可不只有劝说齐湣王放弃称帝这一件事，在这之前他还用一则小故事成功劝说赵惠文王放弃了攻打燕国的计划。

那是在公元前 292 年的某一天，燕国国君听说赵惠文王整兵列阵，要来攻打燕国，焦急万分。苏代主动请缨，出使赵国劝说赵惠文王放弃攻打燕国。

见到赵惠文王后，他并不直接开始劝说，而是给赵惠文王讲起了故事："在我来赵国的路上，遇见了一件有趣的事，想要讲给大王听一听。"

赵惠文王说："愿闻其详。"

苏代说："我路过一处河边的时候，瞧见了一只河蚌张开它的蚌壳悠闲地晒着太阳，这时候一只鹬鸟飞了过来，用它长长的尖嘴啄食河蚌的肉，河蚌立刻合拢蚌壳夹住了鹬鸟的尖嘴。它们互不相让，死死地纠缠在一起。鹬鸟说：'今天不下雨，明天不下雨，你就变成肉干了。'河蚌对鹬鸟说：'今天不放开你，明天不放开你，你就变成死鹬了。'这时候一旁走来一个渔夫，没费多大力气就将这一蚌一鹬都抓走了。"

赵惠文王哈哈大笑说:"这河蚌和鹬鸟也太傻了,但凡有一个放手,也不至于让渔夫白白得利了。"

苏代说:"我听说大王您要攻打燕国,我害怕强大的秦国就要变成那渔翁了!"

赵惠文王听后,马上明白了苏代的意思,他立刻下令停止攻打燕国的准备工作。

这就是"鹬蚌相争"的典故。

苏代巧舌如簧,用一番言语改变了赵惠文王的决定。

但他作为一个效力于燕王的人,后来又劝说齐湣王放弃称帝,并为齐湣王出谋划策攻打宋国,是真的在为齐国的未来考虑吗?

当然不是,他不过是在转移齐国的攻击目标。如果齐国和秦国合力拿下赵国,燕国也就危险了。

《史记》原典精选

愿王受之而勿备称也。秦称之,天下安之①,王乃称之,无后也。且让争帝名,无伤也。秦称之,天下恶之,王因勿称,以收天下,此大资也。

——节选自《田敬仲完世家第十六》

【注释】

❶ 天下安之:即可以接受,没有强烈的反对声音。

【译文】

我希望大王您可以把帝号接受下来,但不要立即称帝。秦国称帝,倘若天下人没有强烈的反对声音,大王就跟着称帝,这也并不算晚。况且在称帝这件事上博得一个谦让的名声,也没什么坏处。如果秦国称帝后,天下人都厌恶它,大王就别再称帝了,以此来收拢天下的民心,这是很大的一笔资本啊。

史书中关于苏代的小争议

根据《史记》中的记载,苏代是苏秦的弟弟,但也有一些书中说苏代应该是苏秦的哥哥,因为他活跃的时间比苏秦早,且苏秦字季子,按照古人"伯仲叔季"的排行来看,季子为幼子之意。究竟关系如何,暂时还没有定论,但这并不妨碍苏秦和苏代都是战国时期著名的纵横家、谋略家。

13 五国伐齐：吃独食惨遭围殴

人　　物：乐毅
生 卒 年：不详
出 生 地：中山国灵寿（今河北省石家庄市灵寿县西北）
历史地位：战国后期杰出的军事家、战略家

人物小传

公元前286年，齐湣王听信了苏代的建议，放弃了与秦国一起攻赵的约定，转而攻打宋国。

齐国攻宋

这件事立刻引起了秦昭襄王的不满，此时苏代已经接受了齐湣王的委托来到秦国。

秦昭襄王生气地问苏代："我一向对宋国十分看重，就像看重新城、阳晋一样。齐国的相国韩聂（又称作韩珉）是我的好友，他明知道我看重宋国，却要率军攻打宋国，这是为什么呢？"

苏代回答道："大王您有所不知，韩聂攻打宋国，就是在为大王和秦国考虑呀。"

秦昭襄王不解地说道："韩聂此番明明就是为了齐国攻打宋国，怎么能是为秦国考虑呢？"

苏代回答道："齐国打下宋国后，国力将更为强盛，但与此同时，齐国独自占据了被视为'天下膏腴（肥沃富饶）'的淮泗之地，一旁的楚国和魏国必定会对齐国有所忌惮与畏惧，他们一旦畏惧齐国，便只能来投靠秦国。如此一来，大王不费一兵一卒，就能趁机割占了魏国的安邑，这分明是韩聂处处为秦国着想而安排的妙计啊！"

秦昭襄王听完觉得很有道理，但仍有所疑虑，便开口问道："我还是有点不放心，齐国国君行事难以捉摸，时而实行合纵战略，时而实行连横战略，也没个定数，这是什么意思呢？"

苏代又答道："这是因为齐湣王并不能完全知晓天下各诸侯国之间的事情，所以才会摇摆不定。齐国知道必须与秦国交好，才能攻打宋国，否则它即使有上万乘的兵力，攻占下宋国后也将不得安宁。

"中原各诸侯那些从事了一辈子奔走游说的人士，哪一个不是想尽一切办法要离间大王与齐国之间的联盟？那些依附于秦国的人，并无一人说起秦国与齐国交好的好处；同样的，那些依附于齐国的人，也闭口不谈齐国与秦国交好的好处。这是为什么呢？因为他们都不希望看到秦国与齐国联合起来。

"这是魏、赵、韩与楚国都清楚的事情，为何齐国和秦国却想不明白呢？换句话说，如果哪一天魏、赵、韩与楚国组成了联盟，那他们的目的势必是攻打齐国和秦国啊！相反，如果哪一天秦国和齐国组成了联盟，在他们看来，大王和齐湣王的目的也势必是攻打他们四国,我希望大王能顺着这个思路想下去,去考虑接下来的决定。"

秦昭襄王答应道:"好。"

之后,秦国果然没有干预齐国攻宋的行动,齐湣王成功灭掉了当时仅次于七雄的强国宋国,宋王出逃,死在了温地(今河南省焦作市温县西南)。

自此,齐湣王彻底占据了被视为"天下膏腴"的淮泗之地,这一行为也果然引起了各诸侯国的不满。

五国伐齐

攻下宋国后,齐湣王并不满足,他又向南方攻下了楚国的淮北之地,向西面入侵了魏、赵、韩的土地,甚至打算吞并周王室,自己做天子。

泗水附近的邹国、鲁国等诸侯国畏惧齐国的强大,纷纷向齐国投诚,一时之间,齐国风头无两,令天下诸侯都十分恐惧。

但同样强大的秦国并不惧怕齐国,甚至准备出兵讨伐齐国。

公元前285年,秦昭襄王派大将蒙武出兵攻打齐国,一路攻占了齐国的九座城邑。

一年之后,燕国国君燕昭王为了报"子之之乱"的仇,决定举兵伐齐。

齐国毕竟曾是东方的大国,单靠燕国的力量无法与之抗衡,燕昭王在乐毅的建议下,邀请秦、赵、魏、韩四国与燕国一起出兵,四国纷纷响应。

很快，五国联军便气势汹汹地扑向齐国，史称"五国伐齐"。因为五国联军是在乐毅的统一指挥下东进伐齐，所以这场战争也被称作"乐毅伐齐"。

燕、秦、赵、魏、韩五国各自派出了自己的精锐部队共同讨伐齐国，齐湣王听说后亲自率军迎战，双方在济水的西岸边展开交战，齐国的军队大败。

齐湣王领着被打得落花流水的齐国军队向后方逃散，退回都城临淄城。

济西之战后，其他诸侯国都罢兵归国，只有燕国的乐毅一路带兵追赶至临

淄城下。他集中兵力攻入临淄城,将齐国的珍宝、礼器劫掠一空。

攻下临淄后,乐毅分兵五路,想要彻底消灭齐军并占领齐国全境。他在齐国逗留了五年,巡行作战,攻下了齐国七十余座城,仅剩下莒城和即墨城两座城邑未被攻克。

齐湣王早在临淄城破之前就吓得逃出了临淄城,一路逃亡到卫国。

卫国虽不是强大的诸侯国,但先前一直归附齐国,与齐国保持着友好的外交关系,因为两国的先代国君之间有血缘之亲。如今齐湣王一路逃亡至此,卫国国君不仅收留了齐湣王,还将王宫让出来给齐湣王居住,甚至对落魄的齐湣王自称臣下,供给齐湣王一切他需要的东西。

卫国的国君没有落井下石,齐湣王却十分傲慢无礼,还真将卫国国君当作臣下使唤。齐湣王在卫国王宫居住一段时间后,上至卫国朝臣,下至卫国百姓,都对他傲慢无礼的态度感到十分愤怒,齐湣王最后迫于压力只能离开卫国。

离开卫国后,他先后前往齐国曾经的附属国邹国和鲁国,但邹国和鲁国曾经只是迫于齐国的强大而臣服,加上齐湣王的态度仍旧傲慢自大,没有身为落魄国君的自知之明,邹国和鲁国的国君都没有接纳他,直接将他拒之门外。

齐湣王只得又逃回到齐国的莒城,这是齐国仅剩的两座还没被攻下的城邑之一。

此时,战国七雄中唯一没有跟着讨伐齐国的楚国,也以帮助齐国为名出兵入齐。楚国的国君楚顷襄王是楚怀王的儿子，楚国自楚怀王之后，便走向了衰落，此次楚顷襄王派楚国大将军淖齿驰援齐国，就是为了能名正言顺地分一杯羹，抢占一部分齐国的土地。

齐湣王任命淖齿为齐国的相国，试图借助楚军的力量抵抗燕军，但他却没有改掉傲慢自大的毛病。淖齿也意识到如今的齐国已经损失了大部分国土，齐湣王也没有了辅佐的价值，很快便寻了个机会害死了齐湣王，而后与燕国一起瓜分了齐国的土地、宝物和礼器。

五国伐齐之后，曾经与秦国有二分天下之势的齐国就此走向了末路，秦国成为一家独大的霸主。

《史记》原典精选

三十九年①，秦来伐，拔我列城九。四十年，燕、秦、楚、三晋合谋，各出锐师以伐，败我济西。王解而却。燕将乐毅遂入临菑②，尽取齐之宝藏器。湣王出亡，之卫。

——节选自《田敬仲完世家第十六》

【注释】

❶三十九年：应作湣王十六年，当时是秦昭襄王二十二年，即公元前285年。
❷临菑：即临淄。

【译文】

齐湣王十六年（公元前285年），秦军攻打齐国，攻取了齐国的九座城邑。

齐湣王十七年（公元前284年），燕、秦、楚与三晋共同谋划，各自派出他们的精锐兵力讨伐齐国，在济水以西击败了齐军。齐王的队伍溃败逃跑。燕国大将乐毅率领燕军攻入临淄，劫掠了齐国的全部珍宝礼器。齐湣王出逃，来到卫国。

齐灭宋为何就招来了六国讨伐呢？

战国时期，诸侯国之间的纷争不断，灭国也不算新鲜事，为何齐灭宋就招来了六国讨伐的待遇呢？

一、宋国是块富裕之地，齐灭宋后独吞了宋国，惹得其他国家眼红；

二、齐灭宋后，占据了宋国原来的地盘，直接威胁到与宋国接壤的楚国、魏国等诸侯国的安全；

三、齐灭宋后，疆域更广阔，列国将它视作最大的威胁。

14 田单复国：巧施连环计，绝地大反击

人　　物：田单
别　　称：安平君
生卒年：不详
出生地：临淄
历史地位：战国时期齐国名将，挽救了濒临灭亡的齐国

人物小传

齐湣王被杀后，田氏齐国并没有就此结束。

齐湣王的儿子田法章隐姓埋名，躲到太史敫家做了佣人。

等到楚国大将军淖齿离开后，莒城的百姓和齐国逃亡的大臣会合在一起，找到了田法章，拥立他为国君，复兴齐国，史称齐襄王。

就此，齐襄王与齐国旧臣们占据了莒城，发布告示告知天下人："齐王已经回归，在莒城即位。"

齐襄王在莒城住了五年，直到齐国的大将田单以即墨城为基地反攻燕军，将之前被燕国占领的七十余座城都夺了回来之后，田单到莒城迎接齐襄王回齐国都城临淄。

公元前 279 年，齐襄王在田单的辅佐下回到临淄城，临朝处理政事。齐国之前的土地也全都再次属于齐国。齐襄王将田单封为安平君。

接下来，我们就展开说一说田单是如何一步步收复失地，恢复齐国的。

退守即墨

田单是齐国田氏王族的远房宗亲。

齐湣王在位时，田单是都城临淄一名管理市政的掾吏，并不被齐王重用。等到乐毅带领军队攻破齐国临淄的时候，齐湣王吓得弃国而逃，田单也混在逃跑的人群中逃离临淄城。

田单带着族人一路逃往安平城。不久后，乐毅率领着燕国的军队打到安平城，逃亡至安平城的齐国人再次准备逃亡，安平城的街道上挤满了争着逃跑的齐国人。

但由于一时之间逃跑的人太多，路上马车过于拥挤，导致马车之间互相碰撞，许多车轴都被撞断，车上的人逃跑不成，成了燕国军队的俘虏。

只有田单和他的族人逃过一劫，因为他们的马车早就在田单的吩咐下被锯短了车轴突出的部分，还包裹了一层铁皮作为保护。

田单与族人们驾驶着马车继续一路逃亡。

此时，燕国的军队已经几乎将齐国的国土全部攻占，除了即墨城与莒城。

而逃出齐国后连续被卫国、邹国和鲁国驱赶的齐湣王，此时正躲藏在莒城。

燕国的军队得知后便举兵攻打莒城，谁承想被楚顷襄王派来驰援齐国的大将军淖齿先一步在莒城中杀掉了齐湣王，而后守着莒城与燕国对抗。

乐毅久攻莒城不下，便将目光向东转向了齐国最后一座没有失守的城邑——

即墨城。

而田单此时也逃到了即墨城。即墨的守卫大夫带兵出城与燕国军队交战，结果战败身亡。即墨城中的人纷纷推选田单为齐国军队的新统帅，他们说："我们都听说了田大人在安平城的那场战斗，您的族人就是因为听从了您的吩咐，提前用铁皮将车轴护住才得以保全性命，这说明大人您对兵法很熟悉。"

于是，田单就此被拥立为齐国军队的统帅，带领士兵和百姓坚守即墨城，与燕国军队对抗。

没过多久，燕昭王去世，燕惠王继承了王位。这位燕惠王不像之前的燕昭王那样信任乐毅，他甚至与乐毅有嫌隙，这就让田单有了可乘之机。

反间之计

田单派了人到燕国，潜伏到燕惠王面前说起了乐毅的坏话。那个间谍说："大王您有没有想过，齐湣王如今已经死了，齐国没有被攻占的城邑也所剩无几，可为何乐毅还待在齐国，迟迟不回来呢？那是因为乐毅害怕一回来就被大王您害了啊！他待在齐国就是拿攻打齐国当借口，实际上却是在齐国的土地上养兵蓄锐，想自立为王。因为现在齐国还没有人真心归顺于他，所以他放缓了攻打即墨城的速度，只为了等待一个合适的时机自立为王。不如大王您派遣其他的将领前去，即墨城将很快会被攻破，届时齐国将全数归于大王您啊！"

燕惠王听完，觉得十分有道理，便派了大将骑劫去替换乐毅。乐毅一看到骑劫的到来，就知道燕惠王已经不再信任自己了，干脆归附了赵国。

即墨城中田单一看到燕国军队换将，就知道之前的反间计已经成功了，于是又开始了一轮"舆论战"和"心理战"。

他先是下令让即墨城里的老百姓在每天吃饭之前，一定要在家中的院子里祭祀自己的祖先，许多飞鸟因为争食祭祀的食物，在即墨城上空盘旋飞舞。燕国的士兵看到后感到十分奇怪。田单就趁机宣扬说："是神仙要下来传授我打败敌人的计策啦。"

然后，他选了一个齐国士兵奉为老师，每当要对士兵们发号施令时，就说这是神师的旨意。燕国士兵不明就里，真的以为他获得了一位神仙老师的辅导。

接着，田单悄悄放出消息说："唉，有神师的辅导我什么都不怕了，唯一担心的就是燕国军队会割掉俘虏的齐国士兵的鼻子，然后在与我们交战时让他们站在队伍的最前面。到那时候，我们的士兵看了一定会心生畏惧，那即墨城就会很快被攻克。"

燕国大将骑劫听说后，满心欢喜地按照田单的话做了。

等下次两军交战的时候，即墨城的士兵和百姓看到已经投降的齐国士兵都惨遭割鼻，十分震怒，守卫即墨城的决心更强烈了。

接着，田单又悄悄放出消息说："唉，太可怕了，燕君的做法让我齐国的将士都感到畏惧。要是他们再把即墨城外的我齐国将士和百姓的祖宗坟墓也挖开了，那我齐国军民的心就溃散了。"

燕国大将骑劫听说后，再次满心欢喜地按照田单的话做了。

即墨城中的士兵和百姓们在田单的带领下，站在城墙上将燕国军队挖开齐国人祖宗坟墓、焚烧齐国人祖宗骸骨的一幕看在眼里，全都放声大哭，要求出城作战，愤怒的情绪增加了十倍。

田单眼看着全民抗燕的情绪高涨，便亲自拿起筑城的工具，和士兵们一起修筑防御的设施。不仅如此，田单还将自己的家人都编进队伍中，将自家的粮食也拿出来分发给士兵。

随后，他又命令士兵们躲藏在城中燕军看不到的地方，只让老弱妇孺登上城头进行防守，并派出使者带着从城中有钱有势的人家手里凑出来的千镒黄金，到燕国的军营中去商量投降的事情。

燕国大将骑劫和一众士兵看到后都哈哈大笑，以为即墨城中的众人都已经无心抵抗了，对即墨城的防备也更为松懈了。

火牛阵

但实际上，田单在假意投降之前，不仅完成了收拢民心、加固防御等事情，还在城中收集了一千多头牛。他将那些收集来的牛统一披上了红色绢布做成的衣服，绢布上画了五颜六色的龙纹图案；还在牛角上绑了十分锋利尖锐的刀子；再将浸满油脂的芦苇绑在牛尾上。

假意投降后的当天晚上,田单命人在城墙上凿出几十个窟窿,趁着夜晚将这些提前部署好的牛群从窟窿中放出。牛群的身后则跟着在城中潜伏已久、养精蓄锐的五千齐国精兵。

等到牛群靠近燕军军营时,齐国士兵将牛尾巴上绑着的芦苇点燃,火苗遇到油脂越燃越旺,被烧了尾巴的牛群在前面狂暴地奔跑,在燕国军营中横冲直撞,见人就顶。

燕国士兵在睡梦中被这群如从天降的"火牛"吓傻了,根本无力抵抗。齐国的精兵就跟在火牛后面趁机发动进攻。

即墨城中斗志昂扬的百姓们也没闲着,甚至老人、妇人、小孩以及体弱的病人都紧随其后,来到燕国军营附近敲锣打鼓。一时之间,锣鼓声震天响,火牛变得更加暴躁,而齐国的将士则倍受鼓舞,变得更为英勇。

这就是田单发明的战术——"火牛阵"。

燕国的士兵毫无防备、军心涣散,被来势汹汹的火牛阵冲得溃散奔逃,大将骑劫也在混战中被齐人杀死了。

田单的目标当然不只是将燕国的军队赶出即墨城,他借着胜利的势头率领军队一路追赶逃亡的燕国军队,所经过的城邑全都背叛燕军,归顺于田单。

于是,田单从即墨城一路招兵买马,手下的士兵一天比一天多,打得燕国军队节节败退。最后田单一直将他们逼退至黄河边,而此前齐国被燕国所占领的七十多座城池全都被田单收复。

之后,田单到莒城迎回齐湣王的儿子齐襄王。齐襄王入主临淄城,开始处理朝政。

以奇兵突袭制胜、为齐国收复国土的田单被齐襄王封赏为"安平君"。

《史记》原典精选

田单乃收城中得千余牛，为绛缯①衣，画以五彩龙文，束兵刃于其角，而灌脂束苇于尾，烧其端。凿城数十穴，夜纵牛，壮士五千人随其后。牛尾热，怒而奔燕军，燕军夜大惊。牛尾炬火②光明炫耀，燕军视之皆龙文，所触尽死伤。

——节选自《田单列传第二十二》

【注释】

❶绛缯：红色绸绢。 ❷炬火：火把。

【译文】

田单从即墨城里搜集了一千多头牛，给它们披上红色绸绢做成的衣服，又在上面画上五颜六色的龙纹图案，在牛角上绑上锋利的刀子，把浸透油脂的芦苇绑在牛尾上，然后点燃末端。又在城墙上凿出了几十个窟窿，趁着夜晚把牛从窟窿中放出去，并派出五千名精壮士兵跟在牛的后面。芦苇烧痛了牛尾巴，牛群狂怒着朝燕军的营寨冲去。燕军在睡梦中被惊醒。牛尾巴上的火把将夜间照得通明如昼，燕军满目都是龙纹，被牛碰到的人非死即伤。

神奇的火牛阵

田单用火牛阵大破燕军，杀死骑劫，收复齐国失地，是历史上以少胜多、以弱胜强的典型战例，在中国军事史上占有重要的一席之地。田单也因为火牛阵成就赫赫威名。

但令人困惑的是，后世有多位将领模仿火牛阵却无一成功。究其原因，可能是田单的火牛阵是首创，前期做好了完全的准备，火牛出场时也出其不意。后续模仿的将领失去了先机，只要大规模收集牛，对方就会有所防备，假若将领再没有田单那样灵活应变的本事，火牛阵便无法完全发挥作用。

肆 ◎ 千金买马骨,衣服闹革命
——燕赵大地上的革新

15 求贤若渴：千金买马骨，高筑黄金台

人　　物：燕昭王
别　　称：燕职
生 卒 年：公元前335年—公元前279年
出 生 地：蓟城（今北京市）
历史地位：战国时期燕国第三十九任国君

人物小传

　　燕昭王是燕国的中兴之君，他成为国君之后，在易水边修筑黄金台，招揽天下有才之士，乐毅、邹衍、剧辛等纷纷前来投奔。燕昭王外用苏秦，内用乐毅，将呈现亡国之势的燕国从残破的境地中挽救回来，跻身于列强之列。

　　在之前讲五国伐齐时，我们提到过，秦昭襄王派大将蒙武出兵攻打齐国，夺取齐国的九座城邑之后，燕国的国君燕昭王也乘机联合秦、韩、赵、魏四国，发动五国伐齐，报当年"子之之乱"的仇恨。燕国的大将军乐毅也在五国伐齐这场战役中有了浓墨重彩的出场。

　　那么，燕国与齐国究竟有何仇恨呢？"子之之乱"又是怎样一回事呢？

齐燕结仇

此事得追溯到燕昭王的爷爷燕易王之时。

公元前332年,燕文公去世,燕易王刚刚即位,齐宣王就趁燕国办丧事的时机攻打燕国,夺取了燕国十座城池。燕易王派苏秦出使齐国,游说齐宣王,才让齐国归还了占领燕国的十座城池。

后来,苏秦假装得罪了燕易王逃到齐国,在齐国实施反间计,想用这个办法扰乱齐国,以实现"弱齐强燕"。

公元前321年,燕易王去世,他的儿子燕王哙(kuài)即位。同年,苏秦在齐国的反间活动暴露,遭到齐国大臣的痛恨,被车裂而死。

苏秦在燕国时,与燕国的相国子之结为姻亲,因而苏秦的弟弟苏代和子之也有往来。子之位高权重,想夺取燕国的政权,就派苏代前往齐国侍奉在齐国做质子的燕国公子。

苏代在齐国得到了齐国国君齐宣王的重用。后来,齐宣王派苏代到燕国出使,燕王哙向苏代打探道:"你觉得齐王怎么样?"

苏代回答说:"齐王一定不能称霸天下。"

燕王哙听他回答得如此干脆,便疑惑地问:"为什么这么说呢?"

苏代道:"因为齐王并不信任他的大臣。"

苏代此话表面上是在说齐王,其实是在暗示燕王哙。

燕王哙果然陷入了沉思。燕国朝中,相国子之决断国政、地位尊贵,燕王哙自己也曾疑虑过是否给予了子之太多的权力,如今听了苏代的话,燕王哙便放弃了自己的疑虑,非常信任子之。

但燕王哙不知道的是，苏代的此番说辞正是受了子之所托，故意说给燕王哙听的。事成之后，子之还赠送给苏代百镒黄金作为酬谢。

不久之后，又有臣下对燕王哙说："相国子之行事果断、有谋略，大王不如将国家让给子之。人们都说尧是贤能的人，为什么呢？因为尧有禅让天下的美名，他要把天下让给许由（许由为上古时期传说中的高士，相传尧要把天下让给他，他不肯接受，躲到箕山之中隐居），但实际上也并没有失掉天下，大王您可以效仿帝尧这么做啊！"

燕王哙又一次听信了建议，将国家托付给子之，子之的地位从此更为尊贵。

不久之后，又有臣下对燕王哙说："夏禹举荐了益，却又让启的臣下担任官吏，最后朝中都是启的亲信。因此天下人都说夏禹虽然名义上传位给了益，但实际上是想让启自己去争夺国君的位置。如今大王说是将国家托付给子之，但朝中的臣下却都是太子的亲信……"

于是，燕王哙再一次听信了建议，将大部分臣下的印信都收上来，交给了子之，从此子之拥有的权力与国君几乎一样多。

子之之乱

等燕王哙年迈之后，不理政事，国家事务几乎全由子之裁决，燕王哙反倒像变成臣子了。

三年之后，太子联合将军市被一起谋反，燕国陷入内乱，百姓惶恐不安。

而在燕国之外，各诸侯国对陷入混乱的燕国虎视眈眈。

齐国的将领们对齐宣王（《史记》中记载为齐湣王，但按照时间推断此处应为齐宣王）上奏说："大王！现在燕国正在发生内乱，我们此时不发兵攻打它，还要等到什么时候呢？"

于是，齐宣王派人对燕国太子说："我听说太子深明大义，要整顿君臣之间的关系，辨明父子之间的名位。我的国家虽小，却愿意听从太子您的差遣。"

太子受到了齐王的鼓励，便召集了更多支持他夺回政权的人，与将军市被一起包围皇宫，攻打子之。

然而，子之此时的势力也不可小觑，太子的进攻没有成功。将军市被一看情况不好，便倒戈攻击太子。最后，将军市被也在混乱中被杀。

这场太子与相国之间的权力斗争持续了好几个月，让数万人死亡，伤者无数。百姓们流离失所，都非常害怕，贵族也与王室离心。

齐宣王见时机成熟，便率领齐国的军队正式攻入燕国，燕国军队毫无还手之力，齐军很快就攻占了燕国都城，燕王哙与相国子之被杀。

同一时间，中山国也乘机进攻燕国，攻占了燕国城池数十座，燕国几乎亡国。

攻占燕国都城后，齐宣王面临着一个重大抉择：是将残破的燕国彻底占为己有，还是替燕国另立一王呢？难以决断之下，齐宣王就去请教孟子。

孟子告诉他说："以一个拥有一万辆战车的国家，去征服另一个拥有一万辆战车的国家，百姓们如果对这个征服他们的国家十分欢迎，那必然是因为这个国家只是为了拯救他们于水深火热之中。但如果此时这个国家是来吞并他们，使得他们陷入水深火热的境地，那么他们就会期待其他救他们于水深火热的人。"

可惜，齐宣王并没有听进去孟子的劝说，齐军在占领燕国后军纪败坏、掠夺民财，还毁了燕国的宗庙，迁走了燕国祭祀用的重器，导致燕国百姓不堪其苦，开始反抗。

其他诸侯国也联合起来准备讨伐齐国，拯救燕国。在燕国军民的反抗和其他诸侯国的压力下，齐国被迫撤军。

公元前 311 年，赵武灵王找到在韩国做质子的燕王哙庶子公子职，护送他回燕国即位，这就是燕昭王。

燕昭王求贤

燕昭王即位时，面对的就是一个民生凋零、国力疲弱，甚至可以说是名存实亡的燕国。

燕昭王的当务之急，就是寻找有才能的人来辅佐自己，一起重新振兴燕国。

因此，燕昭王求贤若渴，他主动放低自己国君的身份，用优厚的待遇来向天下招揽贤能的人。

当时燕国有个大臣名叫郭隗，燕昭王对他说："齐国趁着我的国家发生内乱，偷袭并攻破我燕国。我知道现在的燕国很小、力量薄弱，没有足够的能力报仇。然而如果能够得到贤能的人一起治理国家，洗雪先王的耻辱，完成我毕生的心愿，我愿意亲自侍奉他。"

郭隗听他这么说，又见他整日为求不到贤能的人而闷闷不乐，便对他讲了一个故事。

他说："曾有一个国君愿意出黄金千两购买千里马，然而三年过去了，都没等来向他售卖千里马的人。又过去了三个月，国君终于听说某地有一匹上等的千里马，然而当他派人去购买时，千里马却已经死了，被国君派去买马的人还是花了五百两黄金，将这匹千里马的马骨买了回来。国君非常生气，质问

他说：'我要的是日行千里的活马，你花这么多钱买一匹死马的骨头回来有什么用？'那个下属回答说：'大王您放出话好几年都没买到千里马，是因为人们并不相信您愿意花千两黄金买一匹千里马。如今，您愿意花五百两黄金买一匹千里马的骨头，这件事传开后，必然会引来天下人为你提供千里马！'果然，没过多久，就有人送来了好几匹千里马。"

郭隗讲完故事后，意味深长地说："如今大王想要招揽人才，不如就从招揽我郭隗开始。如果您用优厚的条件对待我这个才疏学浅之人，那么比我贤能的人一看连我这样的人都会被您重用优待，难道还会嫌弃来燕国的路途遥远吗？"

燕昭王觉得郭隗说得很有道理，当即拜他为师，还专门为他建造了一座黄金台来让他居住。

果然，此事传开之后，各诸侯国的贤能之人纷纷来到燕昭王的身边——后来讨伐齐国的大将军乐毅从魏国来到燕国，阴阳家驺衍从齐国来到燕国，游说家剧辛从赵国来到燕国……

人才匮乏的燕国转眼之间变得人才济济。

复仇伐齐

燕昭王在这些贤臣的辅佐下，兢兢业业、坚持不懈地"搞事业"，艰苦奋斗了二十八年，终于让燕国重新焕发生机，国家日益富裕，百姓的生活也日益幸福。

眼看着燕国国势蒸蒸日上，忍辱多年的燕昭王认为报仇雪耻的时机到了，决意举兵伐齐。

公元前284年,燕昭王任命乐毅为上将军,与秦国、韩国、赵国、魏国一起谋划征伐齐国,以报当年"子之之乱"的旧仇。

很快,齐军战败于济水以西,燕军追击败逃的士兵进入齐国的都城临淄。

在伐齐战争取得胜利的同时,燕昭王还派出大将秦开袭破东胡,迫使东胡从燕国东北部后退千余里,燕国领土向东北扩展到辽东一带。燕昭王还向南进军,攻占了中山国的许多地方。自此,在燕昭王的带领下,燕国终于跻身强国之列,发展步入黄金时期。

《史记》原典精选

燕昭王于破燕之后即位，卑身厚币①以招贤者。谓郭隗曰："齐因孤之国乱而袭破燕，孤极知燕小力少，不足以报。然诚得贤士以共国，以雪先王之耻，孤之愿也。先生视可者，得身事之。"郭隗曰："王必欲致士，先从隗始。况贤于隗者，岂远千里哉！"于是昭王为隗改筑宫而师事②之。

——节选自《燕召公世家第四》

【注释】

① 厚币：厚礼。　② 师事：当作老师侍奉。

【译文】

燕昭王在燕国被攻破以后即位，他放下自己国君的架子，用优厚的待遇招揽贤能的人。燕昭王对郭隗说："齐国趁我的国家发生内乱来偷袭并攻破了燕国，我深知燕国很小、力量薄弱，没有足够的实力报仇。但如果能得到贤能的人一起治理国家，洗雪先王的耻辱，就是我的心愿。先生如果发现有这样的人请告诉我，我愿意亲自侍奉他。"郭隗说："大王您如果要招揽贤人，那就先从我郭隗开始吧。那些比我更贤能的人（看到我被您如此优待），难道还会嫌去燕国的路途有千里那么遥远吗？"于是昭王为郭隗改建了居住的房屋，像对待老师那样侍奉他。

黄金台

燕昭王为老师郭隗所建的"黄金台"，又被称作"招贤台"，故址位于现在的河北省定兴县高里乡北章村台上。

因为燕昭王筑黄金台，致使四方贤良纷然归燕，后人就用"黄金台"来指招揽贤良的地方，也指贤良荟萃的所在。黄金台的典故还让不少后人灵感大爆发，李贺在《雁门太守行》中留下了"报君黄金台上意，提携玉龙为君死"的千古名句。

16 胡服骑射：用衣服打开改革的突破口

人　　物：赵武灵王
别　　称：赵雍
生 卒 年：约公元前340年—公元前295年
出 生 地：邯郸（今河北省邯郸市）
历史地位：战国时期赵国第六任国君，"胡服骑射"的推行者

人物小传

在上一篇故事中，我们提到过一个人：在燕国被齐军攻占后，是赵武灵王护送燕昭王归国即位。

这个赵武灵王，嬴姓，赵氏，名雍，是战国时期赵国的第六任国君。

或许你已经发现了一个有趣的事情，赵武灵王名赵雍，却是嬴姓，"嬴"这个姓，不是秦国的国姓吗？

没错，赵国与秦国都是嬴姓赵氏，他们的共同先祖是大禹时期的治水功臣伯益，从恶来和季胜两兄弟之后，才开始分为秦人和赵人。

秦国与赵国虽有亲戚关系，却经常大打出手。

临危受命

公元前 328 年,张仪担任秦国相邦,出兵攻打赵国。赵国将领赵疵领兵与秦军交战,赵疵战败,秦军在河西杀死赵疵,占领了赵国的蔺地。

两年之后,也就是赵肃侯二十四年(公元前 326 年),赵肃侯去世,肃侯之子赵雍即位,史称赵武灵王。

在赵肃侯的国丧之上,秦、楚、燕、齐、魏五国国君各自领着上万精兵前来参加吊唁。名义上是前来吊唁,实际上五国的精兵来势汹汹,无不是想趁着赵肃侯去世,而新君赵武灵王还年幼,来分一杯羹。

此时的赵武灵王年仅十四岁,幸好赵肃侯时期有一位名叫肥义的重臣,赵肃侯在去世前将年少的赵武灵王托付给他。

赵武灵王在肥义的帮助下,命令来会葬的五国军队不得进入赵国边境,随后下令赵国全境戒严,重兵治丧。五国使者见赵国重兵待客,戒备森严,不得不打消了占赵国便宜的念头。赵武灵王应对有方,化解了五国围城之祸,然而这只是赵武灵王接手赵国所面临的第一个挑战。

低调不称王

当时,在与其他诸侯国的征战中,赵国常常处于下风,连连挨打。

赵国的身侧还有中山国这个"千乘之国",在齐国的支持下中山国不断侵扰赵国,成了赵国的心腹之患。它不断入侵赵国腹地,几乎将赵国一分为二。

且赵国在地理位置上,北边有燕国;西边有秦国、韩国,还与林胡、楼烦等游牧部族相距不远;东面又与东胡相接。赵国疆界常年受到邻近诸侯国的威胁,那些擅长骑马射箭的游牧部族也时常侵扰赵国边境,赵国疲于应付。

赵武灵王即位时的赵国便是这样一种国势衰弱、腹背受敌的境况。

在这样的境况下，年少的赵武灵王并没有自怨自艾，而是保持着谦逊的态度学习，暗自积蓄力量。

他任用阳文君赵豹为相国，代为处理政事。他自己年少不能处理朝政，就由三位博闻多识的老师和三位规劝言行的左右司过教导学业和言行。

等到他能亲自处理政务后，他依然常常向父亲留给他的重臣肥义请教问题，并且增加了肥义的品级和俸禄，以示重视。

赵武灵王还十分尊重年长的人，他下令赵国境内受国家敬奉的年满八十岁的老人，每月都能获赠一份贺礼。

赵武灵王即位的第三年，也就是公元前318年，魏国相国公孙衍发起了"五国相王"的合纵行动，提议魏国、韩国、赵国、燕国和中山国五国结成联盟，国君都称王，以对抗秦国。

五国中只有赵武灵王没有称王。

有人问他："您为何不自称为王呢？"

赵武灵王回答说："我还没有王的实力，又怎么敢有王的虚名呢？你们以后还是称我为'君'就好。"

赵武灵王这一低调做法，赢得了大家的交口称赞。但赵武灵王清楚，想让赵国迅速强大，光靠贤能的治理是不行的，还需要有军事手段。

他让人给鄗（hào）城修筑了城墙，以防御中山国。

他与韩宣王在区鼠相会，迎娶韩国王室的女子为夫人，以交好韩国。

他还继续参与合纵联盟诸侯国对秦、齐的征战活动，力图扩大地盘，但无奈国力不及人家，屡次败于秦、齐之手，大将被擒，城邑被占，损失惨重。

赵武灵王改革

屡次战败让赵武灵王意识到,必须要进行军事改革,壮大自身力量。

于是在公元前307年,赵武灵王将大臣召集而来,提出了"改穿胡人的服装,学习骑射技术"的提议。

他说:"如今中山国侵入我国的腹地,威胁着内部的安定;而边境又有燕、秦、韩等大国以及东胡、林胡、楼烦等部族的侵扰,而我们却没有强大的兵力来应付他们,如此下去总有一天赵国会完蛋的,我们应该怎么办呢?"

底下的大臣们沉默不语,赵武灵王便继续说道:"要想建立大的功名,那就必定要抛弃世俗的牵制。众位大臣,我想让国人改穿胡人轻便的服装。"

这个建议一石激起千层浪,大多数的臣子都表示反对。

赵武灵王十分苦恼,他找到肥义倾诉自己的烦恼:

"赵简子和赵襄子两位先君所建立的功业之一,就是征讨胡人、翟人,从那里获取了土地与财富。如今我想要继承两位先君的功业,将胡人、翟人的地盘开拓为我赵国的土地,但我却找不到能够为百姓利益所想、为国君提供支持的贤臣。

"我提出让国人穿上胡人的衣服、练习骑射,以此来训练他们,是为了提升我们赵国的战力,同时又能不劳民伤财,这明明是事半功倍的事情。可是,如今群臣却没一个愿意响应我所想……

"我清楚想要摒弃旧俗,就势必要承担人们的非议,要承担落后习俗的牵制。但如今众人对我的非议仍会让我感到苦恼,这该怎么办呢?"

肥义听完后对他说:"俗话说,遇到事情犹豫不决就无法成功,摇摆不定就永远不会有好名声。国君您既然已经决定抛弃世俗的牵制,那就不要去顾及他人的非议。道德高尚的人,不会去迎合世俗的观点;能够成就一番大事业的人,也不会去与平庸之辈一起讨论谋划。愚蠢的人之所以愚蠢,是因为他们在事情成功后仍然不知道这件事为何成功;聪明的人之所以聪明,是因为他们在事情成功之前就已经看到了这件事的好处与意义。如此,国君还有什么好犹豫的呢?"

赵武灵王听他说完又有了信心,他开口说道:"先生说得是,我并不怀疑胡服骑射的好处,我只是怕天下人嘲笑我。如果赵国上下愿意听从我的话,那么胡服骑射所能取得的效果是无法估量的。现在,哪怕这世上所有的人都嘲笑我、反对我,我也不怕了,胡人的地界和中山国我也一定要兼并过来!"

肥义见到赵武灵王的决心,欣慰地点了点头。

赵武灵王回去后,坚定地推行了全民"胡服骑射"的政策。

他下令让朝臣都穿着胡服上朝,自己则带头穿上了胡人轻便的服饰,亲自到军中训练将士,安排将士们统一学习胡人的骑射技术。

但这项命令推行时还是受到了朝中大臣的阻挠,其中就有赵武灵王的叔父公子成。

公子成对外宣称自己卧病在床,不能为国君办事,实际上却是打心底里不认同赵武灵王的做法。

他认为中原地区自古是睿智之人居住的地方,是贤圣之人推行教化的场所,是被游牧部族奉为榜样的地方。如今国君却要全国上下学习胡人的服饰,这简直是在放弃古人的教导,废弃古时的正道,违背众人的心意,与有学问的人对着干,也背离了中原地区的传统。所以,他宁愿称病违抗命令,也不愿意穿着胡服去上朝。

赵武灵王猜到叔父这是心病,于是亲自来到叔父家中,给叔父"治病"。

他态度诚恳地说:"我听说叔父病了,特来探望。"

寒暄过后,他步入正题,说:"衣服,是为了穿着方便而制定的;礼法,是为了行事方便而制定的。"

紧接着,赵武灵王又列举出瓯(ōu)越地区"断发文身"和吴国"黑齿刺面"等一些"出格"的习俗,并坦言道:"不同地区的习俗、礼仪、服饰各不相同,其目的都是为了国家方便。客观形势要是改变了,国家的礼仪也得随之变化。所以圣人们都认为,只要对国家有利,所用的方法不必一致;只要方便行事,所用的礼法也不需要相同。现在叔父所说的是风俗,我所说的是驾驭习俗。"

公子成听完陷入了思考。

赵武灵王又结合赵国如今的境况继续说道:"赵国的东边有黄河、薄洛两条水路,但那都是和齐国、中山国共同拥有的,我们还没有足够的船只在水路上使用。赵国的边境上有许多强敌,我们也没有足够强大的骑射部队来守卫边境。我想要改胡服练骑射,正是为了有能力守护水路、守护边境!

"您难道忘了当初中山国依靠齐国的帮助侵占我赵国的领土、俘虏赵国的百姓、引水包围鄗城……此仇至今未报,您宁愿固守着中原的旧习俗,也要将其忘记吗?"

一番话语让公子成恍然大悟,说:"我先前很愚钝,不了解大王的深意,实在是罪无可赦。如今您能继承先君们的遗愿并且有能力实现，我又怎敢不听您的命令呢？"

第二天，公子成便穿着胡服去上朝，众人见德高望重的王叔公子成都支持此事，反对的话也就不敢再说出口了。赵武灵王趁此机会，正式发布了改穿胡服的诏令，还招募擅长骑马射箭的人。

"胡服"与中原地区传统服饰的宽衣博带长袖不同，它衣短袖窄，方便作战；而"骑射"也与当时中原地区流行的"徒步射箭"作战方式不同，更加机动灵活。

此次从穿衣到作战方式的改革，使赵国军事力量大大加强，也使赵武灵王赢得了赫赫战功。

公元前306年，也就是赵武灵王二十年，赵武灵王攻占了中山国的土地，前锋一直打到了宁霞；向西则是攻占了胡人的地界，一直打到了榆中。林胡王亲自向赵武灵王进献上等的马匹求和。赵武灵王派了赵固到原本胡人的地方，在那里负责为赵国提供骑兵。

而后，赵武灵王再接再厉，灭掉了中山国，还向北、向西出击游牧部族。经过"胡服骑射"改革后的赵国，一度成为当时除秦国外国力最强的国家。

《史记》原典精选

今胡服之意,非以养欲而乐志也。事有所止①而功有所出②,事成功立,然后善也。今寡人恐叔之逆从政之经③,以辅叔之议。且寡人闻之,事利国者行无邪,因贵戚者名不累,故愿慕公叔之义,以成胡服之功。

——节选自《赵世家第十三》

【注释】

① 止:终,成。　② 出:建立。

③ 逆从政之经,以辅叔之议:逆,违背。辅,助。议,通"义",二字古常通用。义者,宜也。

【译文】

如今改穿胡服的目的,并非纵情享乐、愉悦心志。这样做是为了完成某事而建功立业,等事情成功了,功业建立了,那时一切才会稳妥。现在我担心叔父违反从政的原则,因此提出建议,帮助叔父采用最合适的做法。我听说,推行有利于国家的事情,那就不会走上邪路;实施政策依靠贵族,君主的名望不会受到损害,因此我希望可以仰仗叔父您的忠义,来成就改穿胡服的功绩。

中原服饰与胡服

在赵武灵王改穿胡服之前,中原人的穿着通常是身穿"深衣",也就是快要拖到地面的长款宽袖衣袍,脚踩着"履",也就是用麻、布或是丝绸做成的鞋子,美观却不方便奔跑,也不方便骑马作战。

胡人作战时,则是穿着轻便的窄袖短袍和裤子,脚上穿着动物皮革做成的靴子,骑在马上行动方便,疾驰如飞,战斗力强。所以赵武灵王才动了心思,一心想学习胡人的穿搭。

17 完璧归赵：秦赵之间的政治博弈

人　　物：蔺相如
生 卒 年：公元前 329 年—公元前 259 年
出 生 地：邯郸
历史地位：战国时期赵国的上卿，著名的政治家、外交家

人物小传

完璧归赵是一个成语，现在一般用来比喻把一件物品完好地归还给本人。

这个成语典故就出自《史记》，故事发生在赵武灵王的儿子赵惠文王当政时期，主角是赵国的上卿蔺相如。

因为"负荆请罪"的故事实在太出名了，廉颇与蔺相如这对将相经常被人拿来做比较，但其实廉颇要比蔺相如更早地在朝中担任要职。

缪（miào）贤举荐

五国伐齐之时，廉颇为赵国的主将，率领赵国军队作战勇猛，把齐国的军队打得大败，占领了阳晋城。回到赵国之后，廉颇被赵惠文王任命为上卿，以勇气闻于诸侯。

而彼时的蔺相如还只不过是内侍缪贤家里的一个门客。

蔺相如崭露头角是在之后的一次赵国危机之时。

赵惠文王在位期间,得到了楚国的和氏璧。这和氏璧温润无瑕、价值连城,是天下少有的宝贝。

秦昭襄王听说此事后,立刻派人给赵惠文王送来了一封信,信上说:我愿意用十五座城池,来与你交换这块和氏璧。

这封言简意赅的信笺却让赵惠文王与一众赵国大臣犯了难。秦昭襄王的这个提议将他们置于一个两难的境地:如果将和氏璧给秦昭襄王,万一秦昭襄王事后不认账,自己就白白受骗了;但如果直接拒绝给秦昭襄王和氏璧,又怕秦国借机向赵国发难。这该怎么办才好呢?

赵惠文王召见诸位大臣商讨办法,最后决定派一个人出使秦国,随机应变。

但是这个前去面见秦昭襄王的使者究竟选谁呢?大臣们迟迟给不出合适的人选,就在此时,赵惠文王身边的缪贤站了出来,说:"大王,我可以为您推荐一个人选。"

这位缪贤是赵惠文王身边近身侍奉的内侍总管,很受赵惠文王的器重。

赵惠文王连忙问他:"你说的人选是谁?"

缪贤回答说:"我府上有个名叫蔺相如的门客,可以出使秦国。"

赵惠文王问道:"你是怎么知道他能胜任呢?"

缪贤回答道:"我给大王讲一件之前发生过的事情吧。有一次,大王在边境与燕王会面,我就随侍在大王的身侧。后来燕王私下找到我,对我说:'本君愿意与您做朋友。'再后来我在国内犯了错,害怕得想要逃出国去,当时我

觉得燕王一定会收留我，去燕国也许会有不错的发展。蔺相如却劝我说：'此时赵国强大而燕国弱小，燕王想和您做朋友是因为您是赵王跟前的红人，如果您真的听信了燕王的话去了燕国，畏惧赵国的燕王一定不敢收留您，甚至会把您捆起来送回给赵王。'您不如诚恳地去向大王请罪，大王说不定还能原谅您。我听信了他的话，果然得到了大王您的赦免。所以我认为他是个有勇有谋的人，可以完成这次任务。"

听完此事，赵惠文王马上召见了蔺相如，询问蔺相如该如何解决秦昭襄王设下的难题。

蔺相如说："如今秦国强大，赵国弱小，不答应秦国的要求也不行。"

赵惠文王又问："那如果秦昭襄王事后食言，不给我十五座城池，怎么办呢？"

蔺相如又回答说："秦王主动用十五座城池来换和氏璧，这筹码很丰厚，如果我们不答应，理亏的是我们；如果我们给了和氏璧，他们却不给城池，那么理亏的就是他们了。两相比较，我们宁愿落得个被骗的下场也不能理亏。"

赵惠文王听完后，思索了一会儿，又问："你说得有道理，那么谁带着和氏璧出使合适呢？"

蔺相如又回答说："大王如果找不到更合适的人选，那么我愿意带着和氏璧出使秦国。如果秦昭襄王履行诺言给了赵国十五座城池，那么和氏璧将留在秦国；如果秦昭襄王食言不肯给赵国十五座城池，那么我会把和氏璧完好无缺地带回赵国！"

听完蔺相如的应对后，赵惠文王觉得他果然如缪贤所说的那样有勇有谋，还胆识过人，便派他带着和氏璧去秦国面见秦昭襄王。

出使秦国

蔺相如到了秦国之后，秦昭襄王就在章华台很随意地招待了他。

这头的蔺相如十分郑重地将和氏璧双手奉上献给秦昭襄王，那头的秦昭襄王拿到和氏璧后，虽然对这块玉璧左看右看、上看下看，一副十分喜爱的模样，可稍后他就将和氏璧给了妃子、宫女及左右亲信们传阅观看。

蔺相如见秦昭襄王对待和氏璧的态度随意又无礼，且丝毫没有要提起割让城池的意思，便走上前对秦昭襄王说道："大王，这块玉璧上其实还有一处小瑕疵。"

秦昭襄王一听说这么完美的玉璧上居然有瑕疵，连忙召回玉璧仔细察看。

蔺相如见状，继续说："大王，请让我指给您看。"

秦昭襄王听话地将和氏璧递给了蔺相如。

然而，当蔺相如拿到和氏璧的那一刻，他疾步向后退了几大步，来到宫殿里的柱子旁。他将和氏璧高高举起，一副怒发冲冠的模样，说：

"大王您差人给赵王送了信，说十分喜爱这块和氏璧，想要用十五座城池换取这块和氏璧，赵王虽然不舍得，但也忍痛割爱了。当时赵国上下都反对，觉得秦国并不是真的想要交换和氏璧，不过是想要仗着强国的身份霸占和氏璧罢了。但我还是带着和氏璧来见大王了，因为我觉得普通百姓之间尚且讲究诚信，何况秦王您这个一国之君呢？

"赵王听了我的话，沐浴斋戒了五天，亲自将和氏璧捧给我。我临行时，赵王还特意在大殿上郑重地递上国书，为我送行。赵王之所以这么做，是尊重秦国是个大国，向您表达敬意。

"可当我来到秦国时，却没有得到应有的礼遇。大王先是在章华台这样随意的地方接见我，之后又将我赵国的珍宝随意地传给妃子、宫女们观看，这分明就是在戏耍我啊！如果大王一定要逼迫我，那么我只好抱着和氏璧，一起在这根柱子上撞个粉碎了！"

说着蔺相如眼睛微微转向柱子，斜眼看着柱子，仿佛下一刻就要撞上去似的。

秦昭襄王见状，怕他真的把和氏璧摔了，连忙向蔺相如道了歉，说自己真的打算拿十五座城池换取和氏璧。

蔺相如追问道："那您用来交换和氏璧的十五座城池分布在哪里？"

秦昭襄王只得让人拿出秦国的疆域地图，并在上面随意地圈画了十五座城池。

蔺相如一看，自然也明白——这不过是秦昭襄王的缓兵之计，并非真的要给赵国割让城池。于是他当即决定要以其人之道还治其人之身，也用上一招缓兵之计。

他对秦昭襄王说："和氏璧是天下公认的宝贝，大王既然如此喜欢和氏璧，赵国自然不敢不献。但希望秦王能拿出和赵王一样诚恳的态度，赵王送玉璧来秦国前，沐浴斋戒了五日之久，大王也应该如此做，我才可以正式地将和氏璧献给您。"

秦昭襄王见他的态度强硬，强抢是不可能的了，只能答应了下来。

完璧归赵

而蔺相如就趁着秦昭襄王沐浴斋戒的这几天，安排自己的随从乔装打扮成普通百姓的样子，将和氏璧偷偷从小道送回了赵国。

秦昭襄王沐浴斋戒了五天之后，举办了郑重的典礼，准备迎接和氏璧。蔺相如也如期而至。进入大殿后，他开口说道："秦国自秦穆公以来的二十多位国君，没有一个能够坚守盟约的，所以我实在害怕大王您也是在欺骗我，便让人带着和氏璧先返回赵国了。但只要大王您按照约定好的那般将十五座城池割让给赵国，赵国就会立刻命人将和氏璧重新送来。秦国是强国，而赵国是弱国，届时赵国难道还会冒着得罪大王您的风险而不交出和氏璧吗？我自知欺骗了大王您，是该被处以死刑。我蔺相如甘愿受罚，只希望大王您认真地考虑下这件事情。"

蔺相如行事如此大胆，秦昭襄王和一众秦国大臣都十分惊讶。

秦王的身边马上就有武士冲出来想要把蔺相如拖下去，反倒是被戏耍了的秦昭襄王理智地制止了他们，他说："就算是杀了蔺相如，我依然得不到和氏璧，反而会因此断绝了秦国与赵国的关系。"

秦昭襄王思索一番后又说道："算了，放他回去吧。"

既然得不到和氏璧，那么不如用此举来彰显秦国的宽宏大度，秦昭襄王想。

于是，蔺相如在典礼结束后安然无恙回到了赵国。他不仅实现了自己出使前的诺言，将和氏璧完好无损地带回了赵国，没给秦国落下把柄，同时还保全了赵国的颜面。赵惠文王欣赏他出色的表现，将他封为上大夫，从此开始重用他。

这就是完璧归赵的故事。

这件事后，秦国再也没有提及给赵国城池的事，赵国也没有将和氏璧给秦国，双方都默契地当作什么事都没有发生的样子。

《史记》原典精选

　　相如持其璧睨柱,欲以击柱。秦王恐其破璧,乃辞谢固请,召有司案图,指从此以往十五都予赵。相如度秦王特以诈详①为予赵城,实不可得,乃谓秦王曰:"和氏璧,天下所共传宝也,赵王恐,不敢不献。赵王送璧时,斋戒五日。今大王亦宜斋戒五日,设九宾于廷,臣乃敢上璧。"

——节选自《廉颇蔺相如列传第二十一》

【注释】

❶诈详:假装。详,同"佯"。

【译文】

　　蔺相如高举和氏璧,眼睛看向柱子,假装要跟和氏璧一起撞柱子。秦王怕他会真的把和氏璧撞碎,连忙向蔺相如道歉,请他不要那么做,并叫来管理图册典籍的官员打开地图,秦王指着地图上的一片地区说,就从这里到这里划十五座城给赵国吧。但蔺相如已经猜到了这十几座城秦王只不过是假装给赵国,实际上赵国是得不到的。于是,他对秦王说:"和氏璧是天下公认的宝物,赵王害怕秦国,所以才不敢不把它献出来。赵王在献出和氏璧之前斋戒了五天,如今大王也应该斋戒五天,在殿堂上安排九宾大典,我才敢正式把和氏璧献给大王。"

和氏璧

　　和氏璧刚被挖出来时,外表和一块普通的石头没有什么区别,只有发现它的卞和坚信这是一块美玉。卞和将它先后献给楚厉王、楚武王,两位楚王都误以为卞和是在欺骗自己,因此严惩了卞和。卞和抱着璞玉在楚山脚下伤心地哭了几天几夜。后来继位的楚文王听说了这件事后,派人去剖开这块石头,才发现藏在里面的无瑕美玉。楚文王命人将它雕琢成玉璧,取名"和氏璧"。

　　可惜的是,随着朝代的更迭,和氏璧早已失传,人们只能通过有限的文字记载去想象它的样子了。

伍 从边陲小国到统一六国
——大秦帝国的崛起之路

18 商鞅变法：让秦国强大，却也给自己埋下了祸根

人　　物：商鞅
别　　称：公孙鞅、卫鞅、商君
生 卒 年：约公元前390年—公元前338年
出 生 地：卫国
历史地位：战国时期法家的代表人物，在秦国实行变法

人物小传

在战国时期各诸侯国的变法浪潮中，最著名的毫无疑问就是"商鞅变法"了。

经过商鞅变法，秦国的经济得到迅猛发展，军队战斗力不断增强。秦国一跃而起，逐渐发展成战国后期最富强的诸侯国，为后来秦始皇统一天下奠定了坚实的基础。

那么，商鞅变法究竟是怎么一回事呢？

商鞅变法需要追溯到战国时期秦国的第二十五位国君秦孝公时期。

公元前361年，秦献公去世，他的儿子嬴渠梁即位，史称秦孝公。

秦孝公即位初期，在黄河和崤山以东已经有六个实力强大的诸侯国，在淮

水和泗水之间还存在着十几个小诸侯国。各个诸侯国之间时而结盟，时而用武力相互征伐、吞并地盘。

秦国因为地处偏远的雍州，不常参与诸侯之间的盟会，也被各诸侯国排除在中原诸侯联盟之外，被看作是民风粗鲁的异族。

在秦孝公之前的几代国君——秦厉公、秦躁公、秦简公、秦出子执掌国政期间，秦国政局动荡不安，被赵、魏、韩分割了河西地区；秦献公在位期间，安定了边境，将国都迁到了栎阳，数次东征想要收复河西地区，可惜一直没能如愿。

秦孝公即位之后，迫切地想要完成先辈们没有完成的事业，恢复秦穆公时期秦国的疆土，于是，他在国内颁布了一道命令："我们失去了先君开辟的河西地区，诸侯国都看不起我们秦国，没有比这更大的耻辱了！每当我想起先辈们未完成的遗愿，就会感到心痛。在此，我向天下的宾客和群臣发布'求贤令'，如果有人能进献使秦国强大的妙计，我将为他加官晋爵，厚待于他！"

秦孝公颁布这道命令后没多久，就有一个卫国人来到秦国，这个人就是商鞅。

商鞅入魏

商鞅（原名卫鞅，被秦孝公赐予商於之地十五邑，史称商鞅）出身于卫国公族，是卫国庶出的公子，他年轻的时候就十分喜欢法家学说，李悝、吴起的理论对他的影响很大。长大后，他离开卫国，到魏国的相国公叔座身边侍奉。

有一次，公叔座病重，魏惠王亲自到公叔座的府上探望他，并担忧地表示："您将来如果有个三长两短，魏国该怎么办呢？"

公叔座就趁此机会向魏惠王推荐了商鞅，但魏惠王觉得商鞅过于年轻，并不把他当回事。

公叔痤眼看着魏惠王没有重用商鞅的意思，便又道："大王如果不用商鞅，那就杀掉他吧，假如放任他投奔了别国，以他的才能，一定会对我魏国不利。"

公叔痤此举是作为臣子在为国君考虑的做法，但他也不愿意欺瞒商鞅，等魏惠王离开后，他便对商鞅说："今日我向大王举荐了你，但大王并没有当回事儿。我首先应当忠于我的国君，所以我又劝大王说如果不用你就一定要杀掉你。现在，你可以赶紧逃亡了。"

然而商鞅却并未离开，他说："大王既然没有采纳您的话用我，那自然也不会采纳您的话杀我。"

果然，魏惠王回去后便将公叔痤交代的有关商鞅的事全忘了。

商鞅离开魏国是在公叔痤去世之后，恰巧此时又听闻秦孝公在招募贤士，这才动身前往秦国。

帝道、王道、霸道

到了秦国之后，商鞅通过秦孝公的宠臣景监见到了秦孝公。

初次见面时，商鞅向秦孝公讲了很长时间的政事，然而秦孝公根本听不进去，他听着听着就打起盹来。

这次见面后，秦孝公甚至迁怒于景监，他生气地质问景监："你推荐的是什么人呀？这不过是一个狂妄无知的人罢了，根本不值得被重用！"

景监将原话告知商鞅，商鞅叹气道："唉，我对大王说了五帝的治国之道，看来他并不适合这种治国方式。"

过了几天之后，景监再一次为商鞅求见秦孝公，这第二次见面，商鞅说的内容更多了，但秦孝公听完后再次责备了景监。

景监再一次将原话告知了商鞅，言语之间对商鞅也有了责备的意思。商鞅再次叹气道："唉，这次我对大王说的是夏商周三代圣明君王的治国之道，看来这种也并不适合他。景监大人，能否请您隔几日再为我引见一次？这次我必然有信心说服他了。"

又过了几天后，商鞅与秦孝公第三次见面，这一次终于有所不同。谈完后秦孝公第一次对景监夸奖了商鞅，说："你推荐的这位客人不错，我愿意与他交谈了。"

好奇的景监不禁去问商鞅这次谈话的内容，商鞅便告诉他说："我这次和大王聊的是春秋五霸的治国方法，看大王的样子是准备采纳了。以后如果大王再召见我，我就知道该和他说些什么了。"

有句俗话叫"对症下药"，商鞅三次会见秦孝公，终于从国君的反应中找到了国君目前最需要的学说。前两次会见秦孝公时，商鞅提及的五帝之道和三代之道，实施起来需要花费的时间太长了，所以秦孝公才不感兴趣。以秦孝公的抱负，他想必是希望在自己有生之年就能名扬天下，所以商鞅改变策略，用春秋五霸的强国之术与他交谈，他这才高兴起来。

果不其然，商鞅很快就等到了秦孝公的再次召见，而且是秦孝公亲自下帖邀请，二人聊得十分投机，秦孝公聊着聊着膝盖就不知不觉地往前挪，想要离商鞅更近一些，一连和商鞅交谈了好几天也不觉得累。

商鞅通过这几次的交谈，摸清楚了秦孝公所推崇的霸道之术，也让日后他获得秦孝公全力支持推行变法成为必然。

舌战群臣

秦孝公任用商鞅后不久,商鞅就劝说秦孝公推行变法,对内修整刑罚、大兴农业,对外则用赏罚分明的机制鼓励将士们为国征战。

秦孝公对商鞅提出的变法内容十分赞成,但当时秦国的大臣诸如甘龙、杜挚等人对变法表示强烈反对,他们与商鞅针锋相对,有一次甚至直接当着秦孝公的面就与商鞅争辩了起来。

商鞅说："只要能够使国家强盛，就不必沿袭旧时的典章法度；只要能够使百姓获利，就不必遵循旧时的礼制。"

甘龙说："你的说法是不对的。圣人可以在不改变民俗的情况下就教化好百姓，聪明的人可以在不改变固有法律制度的情况下就把国家治理得很好。只有维持原来的法律制度，官吏们才能习惯，百姓们才能安定。"

商鞅毫不客气地反驳道："你说的这番话是凡夫俗子的想法。凡夫俗子固守原有的习俗，局限于书本上学到的知识，任用这种人做官吏，奉公守法是他们所擅长的，但和他们谈论现有法度之外的变革，那是万万不能的！"

杜挚说道："如果不能达到百倍的收益，那就不值得改变原有的法律；如果不能起到十倍的功效，那就不值得更换器具。遵循旧的礼法才不会产生过失、造成偏差！"

商鞅继续反驳道："治理国家的方法不是一成不变的，只要对国家有利，就不必仿效旧的法度。商汤和周武就是因为不为旧的法度所累，才缔造了王业；夏桀、商纣就是因为固守旧的礼法制度，不愿意做出变化而致使国家灭亡。由此可见，对改变旧法度的人不应该一味地责难，而固守旧法制的人也不值得一味地赞扬！"

甘龙、杜挚等人被商鞅辩驳得哑口无言。

秦孝公鼓掌称赞道："说得好。"

商鞅变法

公元前356年，秦孝公任命商鞅为左庶长，让商鞅尽快确定并颁布变更后的法令。

商鞅制定的新法主要包括以下几点：

一、建立严密的户籍制度，一人犯法，连坐受罚。

商鞅在新法中下令将百姓十家编成一什，五家编成一伍，让他们互相监督检举，实行连坐，一家犯法，其他几家也要跟着受罚。知道谁犯法了却不告发的处以腰斩之刑；告发奸恶者将会得到与斩获敌人首级相同的赏赐，藏匿奸恶者也会得到与投降敌人相同的惩罚。

二、推行小家庭制度，用经济手段，让大家族分户。

商鞅在新法中规定一家中有两个以上成年男子而不分立门户的，赋税加倍。

三、明令军法，奖励军功。

在军中实行二十等级爵位制，有军功的人，可以按规定接受更高的爵位；实行严格的奖惩制度，因私事斗殴的人，根据情节的轻重分别受到大小不同的刑罚。

四、奖励耕织，重农抑商。

鼓励农民努力进行农业生产，让粮食丰收、布帛增产的人可以免除自身的劳役或赋税。从事工商业及因为懒惰而贫穷的，就把他们及其妻儿全都没收为官府的奴婢。

五、废除"世卿世禄"制度。

贵族身份不再按照之前的世袭传承制，需要依靠获得军功的大小来定贵族身份的高低。宗室中没有军功的，不得记入宗室名册。

明确贵族的尊卑爵位等级，按各家爵位的高低享用不同规格的土地、住宅，家臣奴婢的数量、衣着也需要按照各家爵位等级秩序而定。

有军功的人才能地位显赫，没有军功的人即使富有也没有显赫的社会地位。

南门立木

新法准备就绪后,在公布之前,商鞅担心百姓不听他的命令,就命人在都城后边一个市场的南门旁竖起一根三丈长的木头,并宣布说:"谁要是能够把这根木头从南门搬到北门,赏赐十金。"

这根木头其实不重,一般人都能搬得动,百姓们觉得这件事非常怪异,没人敢行动。商鞅见状再次宣布说:"谁要是能够把这根木头从南门搬到北门,赏赐五十金。"

重赏之下,人群中走出来一个人,搬着木头就到了北门,商鞅也立即就给了他五十金。这件事传开之后,大家都知道了商鞅令出必行,毫不含糊。

见效果达到了,商鞅随即便颁布了新法令。

当然,新法令的施行也并非一帆风顺的。

推行新法还不到一年,百姓中对新法令怨声载道的就不在少数。

而恰巧在此时,秦国的太子(未来的秦惠文王)触犯了新法,商鞅就决定以太子犯法一事为典型,借机向百姓们树立新法的威信。

秦孝公不同意,商鞅就对他说:"法令之所以行不通,关键就在于上头有人带头违背,必须依照法令处罚太子,才能以儆效尤。"

大臣们还是不赞成:"太子贵为国君的继承人,实在不能施刑。"

于是,商鞅就逮捕了负责监督太子言行的老师公孙贾,并在他脸上刺字当作惩罚。

此举十分有成效,百姓们一看就连太子违反了新法都要受到惩罚,自此再也没有人胆敢违反新法了。

不仅如此,商鞅还将说新法不好的人,以"扰乱教化"为由全部迁移到边疆居住,自此也没有敢议论法令的人了。

商鞅第二次变法

商鞅还不断地完善变法的内容。公元前350年,也就是秦孝公任命商鞅为大良造的第三年,商鞅开始了第二次变法。

这次变法的内容有:

一、执行分户令

整顿风化,禁止父子兄弟同住一户。这样一个大家族就会分出数"户",大大提升税收的份额。

二、推行县治

把零星的小乡、小镇、小村合并成县，各县设置县令、县丞，秦国总计合并了三十一个县。

三、开阡陌封疆

废除原来的井田制，让人们重新认领土地，重新划分纵横交错的田埂为界线，从而使赋税征收整齐划一。

四、统一度量衡

统一全国斗、桶、权、衡、丈、尺等度量用具的标准。

第二次变法实行的第五年，秦国变得富有、强大，周天子把祭肉赐给秦孝公，承认了秦孝公的地位和权力，诸侯都来祝贺。

此时，百姓们对新法也纷纷夸赞。因为自从商鞅变法以来，百姓的素质明显提高了，路上有人丢了东西也不会有人捡起来据为己有，山林里也再没有山匪作乱，家家富裕，人人满足。人们不敢私下斗殴，无论是乡村还是城镇都秩序安定，百姓安居乐业。

因为新法中有关于奖励军功的规定，人们都勇于参军，秦国的军队在对外作战中多次获胜，军事力量日渐强大。

因功获封

收复河西失地、恢复秦穆公时期的霸业，一直是秦孝公和他的父亲秦献公两代国君的愿望。

经过商鞅两次变法后的秦国国力强大，具备了收复河西地区的能力。

公元前341年，魏军在马陵与齐军展开激战，魏军大败。商鞅对秦孝公建议说，可以趁着魏国实力尚未恢复之际，大举攻魏。

秦孝公觉得很有道理，派商鞅率兵伐魏。商鞅设计抓住了魏国公子卬（áng），接着大举攻击魏军，魏军大败。魏惠王只得将黄河以西的大部分土地割让给秦国求和。

商鞅破魏后，秦孝公将於、商一带的十五座城邑封赏给他，称号为商君。

然而，商鞅变法中诸多条例都侵犯了秦国旧贵族的权利，就连秦国太子都因自己的老师曾被商鞅施以刑罚而记恨商鞅。

公元前338年，秦孝公去世，太子嬴驷即位，也就是秦惠文王。

商鞅自知危险即将降临，逃到边关，准备去魏国，但被魏国拒绝入境。无奈的商鞅只得潜逃回自己的封地商邑，并组织邑兵向北出击郑县。秦国发兵征讨商鞅，商鞅兵败被杀，他的尸体被带回咸阳，处以车裂之刑。

一代名臣商鞅，就此陨落。

《史记》原典精选

鞅之初为秦施法，法不行，太子犯禁。鞅曰："法之不行，自于贵戚。君必欲行法，先于太子。太子不可黥①，黥其傅师。"于是法大用，秦人治。

——节选自《秦本纪第五》

【注释】

❶黥：在犯人脸上刺字的刑罚。

【译文】

商鞅最初在秦国开展变法，法令不能通行，就连太子也违犯禁令。商鞅对秦孝公说："法令无法推行的原因，正是因为贵戚的阻挠。您一定要推行变法的话，就先惩治太子。对太子无法动用黥刑，就对他的师傅动用黥刑。"于是法令很快得以推行，秦国被治理得很好。

作法自毙

商鞅在逃离秦国时，还发生过这么一件事。

当他逃到秦国边境，想要在客店投宿时，客店主人要求他出示能证明身份的凭证，并对他说："商君的法令有明文规定：客店要是收留了无官府凭证的旅客留宿，收留者要与旅客同罪。"此时商鞅被秦王缉捕，拿不出身份文书，也就住不了店。他忍不住长叹了一声："唉，新法的弊病已经到了如此地步吗！"

后人由此提炼出成语"作法自毙"，用来指自己立法反而使自己受害。

19 苏秦合纵：让秦兵十五年不敢出函谷关

人　　物：苏秦
别　　称：苏季子
生 卒 年：？—公元前284年
出 生 地：洛阳
历史地位：战国时期著名的纵横家、谋略家，曾兼任六国相国

人物小传

秦惠文王车裂商鞅尸体之后没多久，秦国又来了一位游说之士要为秦惠文王献策，这个游说之士就是苏秦。

然而，此时秦国刚刚处死了商鞅，秦惠文王很讨厌游说之士，再加上苏秦所说的"兼并列国、称帝而治"，秦惠王也认为时机还不成熟，所以并未采纳苏秦的建议，也没有重用苏秦。苏秦很快就离开了秦国。

然而，苏秦离开秦国之后，在燕国得到了重用，并说服了东方六国合纵抗秦，使"秦兵不敢窥函谷关十五年"。

也不知道秦惠文王收到合纵盟约的时候，有没有后悔放走了苏秦？

苏秦其人

苏秦是东周洛阳人。他曾东行至齐国,拜入鬼谷子门下学艺。然而,学成出山后,他却迟迟没有遇到大施拳脚的机会。在外面游历了好几年,他身上的盘缠也所剩无几,到了穷困潦倒的境地,不得已他只好回了家。

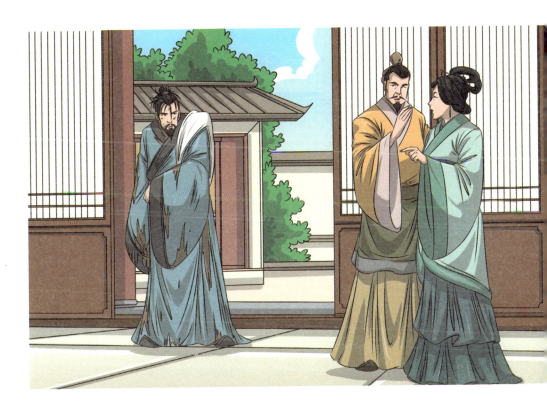

回家之后,他的亲戚们都嘲笑他:"人人都是脚踏实地治理产业,追逐那微薄的利润谋生,只有你天天做梦想像之前的游说家那样靠搬弄口舌成名,到头却落得一场空,这不是必然的吗?"

苏秦听到后十分惭愧。不过他也将惭愧化为动力，将自己收藏的书籍全都整理出来，闭门不出学习了整整一年，才终于从书中找到了揣摩国君心意的诀窍。

"凭借这些知识，我可以去游说当代的国君了。"

他再次出门，游走于天下各国之间。

然而，苏秦此次出行依旧不顺利。

他首先去了洛阳求见周显王，然而周显王身边的臣子已经听说了苏秦的为人，都轻视他。周显王也不相信他。

苏秦又去了秦国，求见秦惠文王，然而刚刚处死了商鞅的秦惠文王对游说之士十分厌恶；且他所提的那套说辞，秦惠文王也觉得为时尚早，不切实际，因而没有任用苏秦。

苏秦又东行到了赵国，想要侍奉赵肃侯，然而赵国的相国是赵肃侯的弟弟奉阳君，他十分不喜欢苏秦的行事风格，苏秦只得再次离开……

苏秦接着到燕国游历，在燕国待了一年多的时间，苏秦这匹"千里马"才见到了燕文侯这位"伯乐"。

得志燕国

燕文侯当时因为秦国摧枯拉朽般攻占他国的架势，每天担忧得食不下咽。

但实际上，燕国所处位置距秦国十分遥远，反而是与赵国相邻。而赵国同样也是一个不容小觑的强大诸侯国。

苏秦便对燕文侯分析了燕、赵相依之势，并对他说：

"秦国想要攻打燕国，需要越过云中、九原，经过代郡、上谷，穿行千里。

就算他们攻下了燕国的城池，也没有办法长期守住。秦国暂时不能加害燕国，这是十分明显的事情了。

"但如果是赵国想攻打燕国，不需要十天的时间，几十万的赵国大军就会浩浩荡荡来到燕国边境的东桓一带了，然后他们渡过滹沱河、涉过易水，不超过五天便可直抵燕国的都城下。

"您与其整日担忧千里之外的秦国，不如担心一下百里之内的赵国。我希望大王能与赵国搞好关系，促使东方六国建立合纵联盟，这样燕国就一定不会陷于危难之中了。"

燕文侯听后觉得十分有道理，就为苏秦提供了车马和财礼，派苏秦前往赵国游说赵肃侯。

此时的赵国，一向讨厌苏秦的奉阳君已经去世。没有了阻挠，苏秦顺利面见了赵肃侯。

苏秦对赵肃侯说："如今天下的局势，山东六国中以赵国的国力最为强盛。赵国的领土纵横两千多里，士兵有几十万人，战车千辆，战马万匹，囤积的粮食足够赵国人吃好几年。赵国的四周有高山和大河，北边是弱小的燕国，不足畏惧。

"秦国的军队气势汹汹，对天下诸侯国的土地都觊觎，诸侯国中秦国最眼馋也最害怕的就是赵国了。但秦国却不敢举全国之兵攻打赵国，您知道这是为何吗？因为秦王害怕韩国和魏国会趁机在背后暗算他，韩国和魏国可以说是保护赵国不被秦国发兵攻打的屏障。

"可如果秦国现在进攻韩国和魏国呢？那秦国将不会有任何阻挡，届时韩、魏向秦臣服，攻打赵国将再没有任何顾虑，那么赵国必然会面临战祸！"

赵肃侯听他这么说，也开始担忧起来。

眼看着赵肃侯有所动摇，苏秦一鼓作气，提出了合纵六国的想法，道："我早年间十分喜欢四处游历，根据我之前的考察，山东六国的土地加起来是秦国的五倍，各诸侯国的军队加起来是秦国的十倍，如果六国合纵，同心协力对抗秦国，秦国一定不敢从函谷关出来侵犯山东六国，这样各国就能得到安宁。"赵肃侯听后采纳了"合纵"六国的建议，同样资助了苏秦，让他去继续游说剩余的四国。

智激张仪

在游说赵肃侯的这段时间，还发生了一个小插曲：秦惠文王派公孙衍率兵攻打魏国，活捉了魏国的将领龙贾，攻占了魏国的雕阴等地，并打算继续带兵向东进发。

苏秦十分担心秦国军队接下来会去攻打赵国，导致六国合纵的计划破产。该怎么办才好呢？

他急需找到一个能在秦国受到重用，可以左右秦国政局的人。而这个人他还需要十分了解，彼此有一定默契。

此时，他忽然想起了一个人：张仪。

这位张仪，是苏秦的同门师兄弟，两人曾一同在鬼谷子门下学习，苏秦认为自己的才学甚至不如张仪。

苏秦听说此时的张仪正在像之前的自己一样，游走于各国之间谋求功名，便派人去暗中引导张仪来找自己。那人对张仪说："你当初与苏秦交情很好，如今他已在赵国当权，你为何不去拜访他，向他诉说你想要功成名就的心思呢？"

于是，张仪就来到赵国，呈上名帖想要拜见苏秦。

然而，守门的人却在苏秦的授意下迟迟不替张仪禀报，又留着他不肯让他走。如此态度傲慢地折腾了张仪很多天之后，苏秦终于肯见张仪了，可与他见面的地方又十分随意，还招待他吃与仆人一样的伙食。

更过分的是，苏秦见到张仪这位老朋友，非但没有半分同门时的热络，还一再奚落他："像你这样有才能的人，却让自己落入如此穷困潦倒的地步！我的确有能力举荐你并让你功成名就，但你不值得我的举荐。"

张仪气得说不出话来，直接拂袖离开了。回去后他越想越生气，决心要给苏秦一点颜色看看。

可苏秦如今在赵国很受重视，诸侯国之中只有秦国的实力能够威胁赵国，于是就到秦国去了。

在去往秦国的路上，张仪还遇到了自己的"贵人"。此人不仅资助他钱财，到秦国后还为他打点好一切，张仪这才得以顺利地面见秦惠文王，并做了秦国的客卿。

后来张仪想要报答"贵人"，"贵人"这才道出原委："我并不了解您，帮助您的人不是我，是苏秦。"

张仪这才知道，在赵国时苏秦是故意激怒他，为的就是让他来秦国谋求更好的发展。

张仪忍不住感慨地说："这些权谋都是我曾经研习过的，而我却没有察觉出来，很明显我没有苏秦高明啊！请您替我感谢苏先生，并转告他，只要他还当权，我张仪绝不妄言攻打赵国。"

洹水会盟

而苏秦这边，说服赵肃侯之后，又先后去了韩国、魏国、齐国、楚国，凭借自己的口才与智慧说服韩宣王、魏襄王、齐宣王和楚威王，使六国国君都同意合纵抗秦。

公元前333年，六国诸侯在赵国的洹水边上宰杀白马，歃血为盟，正式订立合纵的盟约，约定：秦国不管出兵攻打六国中的哪一个国家，其他国家需尽出精锐之师帮助对抗秦国。如果有的诸侯不按照盟约办事，剩下的五国就联合起来一起讨伐它。

亲自奔走在六国之间游说的苏秦，也深得六国国君的信任，被公推为合纵联盟的纵约长。六国国君将六国相印都交给他，让他专门管联盟的事。

签订盟约之后，苏秦代表六国把合纵盟约递交给秦国，从此以后，秦国不敢再觊觎函谷关以外的国家，持续时间长达十五年。

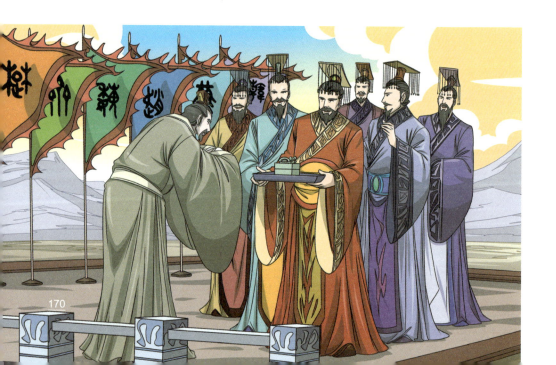

《史记》原典精选

赵王曰:"寡人年少,立国日浅,未尝得闻社稷之长计也。今上客有意存天下,安诸侯,寡人敬以国从。"乃饰车①百乘,黄金千溢②,白璧百双,锦绣千纯,以约诸侯。

——节选自《苏秦列传第九》

【注释】

❶ 饰车:有纹饰的车子。
❷ 溢:同"镒",古代重量单位,一镒约等于二十两。

【译文】

赵王回答说:"我还年轻,治理国家的时间又短,不曾听到过为国家长远考虑的策略。如今您有意为天下诸国谋生存,使各诸侯国得以安定,我诚恳地把国家大事托付给您。"于是调拨了一百辆装饰有纹饰的华美车子,载上黄金一千镒,白璧一百双,丝绸布帛一千匹,让苏秦作为邀约各诸侯国结盟的费用。

战国时期的"山东"

战国时期的山东和我们现在理解的山东省不是一个概念。

战国时期,人们习惯将崤山、函谷关以东的地区称为"山东"。战国七雄之中,秦国与其他六国以崤山为界,除了秦国在崤山以西,其余的六国均在崤山以东。因此这六国又称"山东六国"。

我们现在理解的山东省,则是在太行山以东,是后来才有的地理概念。

20 张仪任相：舌头是用来建功立业的

人　　物：张仪
生 卒 年：？—公元前309年
出 生 地：安邑
历史地位：战国时期著名的纵横家、政治家，先后担任秦国、魏国相国，以连横之术破合纵之策

人物小传

在上一篇的故事中，张仪这个人物小小出场了一下，这一篇我们就展开讲一讲他吧。

张仪任相

张仪进入秦国后，很快便得到了秦惠文王的赏识。

公元前328年，也就是秦惠文王十年，秦惠文王派遣张仪和公子华（秦惠文王的弟弟）率领秦国的军队前去围攻魏国的蒲阳县。

他们成功攻下了蒲阳县，此时张仪建议秦惠文王对魏国施行"打一个巴掌，再给一个甜枣"的办法，以谋求更多的利益割让。

于是秦惠文王听从了张仪的建议,先是将攻下的蒲阳县还给了魏国,接着派公子繇到魏国做人质。

张仪前去劝魏惠王说:"大王您看,秦国对魏国如此宽厚,秦惠文王如此仁德,魏国应当给出相应的诚意作为回礼呀。"

魏国便让出了上郡十五县和少梁给秦国,作为对秦惠文王之前宽仁之举的答谢。

至此,秦国不仅将河西失地全部收回,还将东部防线推至崤山以东,在黄河东岸建立了东进基地。从魏国那里得来的少梁也被改名为夏阳。

魏国与秦国交好,五国合纵抗秦的盟约也就有了裂痕,秦惠文王认为此举张仪的功劳很大,就将张仪任命为秦国相国。

爱憎分明

张仪当上秦国的相国之后，马上写了一封警告信，托人送给楚国的相国，信里写道：

当初我陪你喝酒的时候并没有偷你的玉佩，可你和你的门客们却因为我贫穷而诬蔑我、惩罚我。相国大人，你等着吧，你想好好守住你们的楚国，但我不久之后就会来攻打你们了！

张仪和楚国相国的这段恩怨，还要追溯到张仪从鬼谷子那儿完成学业后周游列国时：

某一次，他游历于楚国，拜到楚国的相国门下，陪楚相和门客们一起喝酒。酒过三巡时，那位相国突然惊呼一声，说自己的一块玉璧丢了。他的门客们也不加调查就怀疑到张仪的头上，并大声嚷嚷道："一定是张仪偷的！他那么贫穷，肯定会做不好的事情！"那位相国也懒得管张仪冤不冤枉，于是大家就一起把张仪抓了起来，拷打了几百竹板。

张仪没有做过的事，当然不愿意承认了。大家见张仪始终不肯承认，只好释放了他。

张仪回到家后，他的妻子听他说了原委后，替他感觉十分屈辱。她对张仪又怜又恨地说道："如果不是你当初要去学什么游说之术，今日又怎么会遭受这样的屈辱？"

张仪却不接她的话头，反而张开嘴指着自己的口腔问道："你看我的舌头还在不在？"

他的妻子无奈地笑着说:"还在。"

张仪说:"那就足够了。只要舌头还在,我就一定能成就一番大事业。"

后来,他果然凭着三寸不烂之舌搅弄风云。

从这个故事中也可以看出,张仪是一个爱憎分明的人。他可以为了报答苏秦的恩情,承诺在苏秦当权期间不攻打赵国;担任秦国相国后,也没有忘记自己当初在楚国所受到的屈辱。

出任魏相

张仪担任秦国相国的第四年,拥戴秦惠文王正式称王,秦惠文王也是战国时期秦国第一位称王的国君。

张仪担任秦国相国的第五年，秦惠文王派张仪担任秦国的将领，率领军队攻取了陕邑，并在上郡修筑军事要塞。

又过了两年，秦王派张仪到啮（niè）桑，与齐国、楚国的相国会盟。

从啮桑回到秦国后，张仪就被免掉了相国的职位。倒也不是张仪失去了秦惠文王的信任，而是秦惠文王给他安排了新的任务：为了秦国的利益，去魏国担任相国，使魏国首先归附秦国，然后再让其他各诸侯国仿效魏国。

可惜的是，这个"卧底计划"没有成功，魏惠王并不完全信任曾是秦国臣子的张仪，也不肯听从张仪归附秦国的建议。

秦惠文王很愤怒，一边教训魏惠王，一边在暗中给了张仪更加优厚的待遇。张仪觉得自己没有完成任务受之有愧，也更加坚定了自己要肝脑涂地以报答秦惠文王的想法。

张仪暗中传信让秦国攻打魏国，加剧魏国的紧张局势，自己则凭借三寸不烂之舌，从魏惠王劝到他的儿子魏襄王，历时六年，终于说动魏国退出合纵联盟。

之后，张仪回到秦国，秦惠文王再次将他任命为秦国相国。

《史记》原典精选

仪相秦四岁,立惠王为王。居一岁,为秦将,取陕。筑上郡塞①。其后二年,使与齐、楚之相会啮桑。东还而免相,相魏以为秦②,欲令魏先事秦而诸侯效之。魏王不肯听仪。

——节选自《张仪列传第十》

【注释】

❶ 筑上郡塞:在上郡一带修筑关塞。
❷ 相魏以为秦:到魏国做相国,目的是当奸细,为秦国谋取利益。

【译文】

张仪在秦国担任相国四年,拥戴秦惠文王称王。又过了一年,张仪担任秦国的将军,率领军队攻取了陕邑,并在上郡修筑要塞。又过了两年,秦王派张仪到啮桑,与齐国相国和楚国相国会盟。张仪从东方回秦国后,就被免掉了相国的职位,为了秦国的利益去魏国担任相国。秦王打算使魏国首先称臣侍奉秦国,然后再让其他各诸侯国仿效魏国。魏王不肯听从张仪的建议。

张仪折竹与苏秦刺股

张仪年轻时家中贫困,常替人家抄书。他抄书时,遇到没见过的好词好句就会写在手掌心或腿上。等晚上回到家里后,张仪就会折下竹子做成竹片,再将白日里摘抄的好句子刻写在竹片上,久而久之,那些竹片积攒起来就集成册子了。后人就用"张仪折竹"来形容一个人学习刻苦勤奋。

无独有偶,他的师兄弟苏秦也有一个关于刻苦学习的典故——苏秦刺股。这个故事说的是,苏秦读书读到昏昏欲睡时,就拿锥子刺自己的大腿,用疼痛使自己清醒起来再坚持读书。苏秦的"锥刺股"与汉代学子孙敬的"头悬梁"组成了"悬梁刺股"这个成语,用来比喻废寝忘食地刻苦学习。

21 义渠设县：秦国有了圈养战马的基地

人　　物：秦惠文王
别　　称：秦惠文君、嬴驷
生 卒 年：公元前356年—公元前311年
出 生 地：栎阳（今陕西省渭南市富平县东南）
历史地位：改"公"称"王"，成为秦国第一任王

人物小传

张仪辅佐的秦惠文王，是在秦国崛起过程中发挥了关键作用的有为之君。他和他的秦国先祖们一样，有着远大的抱负。

他在位期间，选贤任能、知人善任，不仅把魏国在黄河以西的地盘全部吞并，还在黄河的东岸建立了东进的前进基地，不断向东扩张。

不仅如此，他还灭蜀败楚、南取商於、北伐义渠，为秦国后来打败列国、统一天下打下了坚实的基础。

公元前327年，也就是秦惠文王十一年，秦国在义渠设县，义渠称臣。这是《史记·秦本纪》中浓墨重彩的一笔，对秦国未来的走向影响深远。

那么"义渠"是什么地方呢？义渠向秦国称臣又带来了什么影响呢？

义渠建国

义渠，是匈奴的一个分支，最早可以追溯到商朝时期。

周朝建立后不久，当时的义渠国君就曾经去朝拜过周王。

春秋战国时期，他们在今天的甘肃省庆阳市宁县一带建立了郡国——义渠国，并开始参与中原诸侯的争夺战。

义渠国地处秦国边境地带，与秦国抗衡了400多年，到了秦惠文王时期，已经发展成为秦国在西北部最强劲的对手。

而义渠国作为一个国土面积远不如秦国的小国家，能与秦国抗衡如此之久，自然有他们厉害的地方。

义渠几乎全民皆兵，以"战死为吉利，病终为不祥"，且义渠为游牧民族，国家内部有着大片草场与上好的战马，常常凭借骑兵特有的机动性对秦国边境进行劫掠。

秦躁公时期，义渠向秦国发起了大规模的进攻，一度打到了渭水岸边。

义渠称臣

秦国自商鞅变法以后，国力稳定发展，秦惠文王自然就不打算继续容忍一直在自己边境上放肆的义渠人了。

恰巧义渠国在公元前331年发生内乱，秦国便趁他们自相残杀之时，派庶长操（名叫操，姓氏不详，庶长是他的官职名，秦惠王时期掌握军政大权的最高官职）发兵攻打义渠国，很快便平定了义渠。义渠的力量遭到了很大的削弱。

而后，秦军采用大面积烧荒的方式来对付义渠骑兵。"烧荒"，即字面意思，点燃草原，让他们的马匹没有牧草持续供应而饿死。

大面积烧荒之后，义渠骑兵不敢再入侵秦国边境，只要他们敢来，秦军就去烧毁他们的牧场，让他们的牛、马、羊饿死作为报复。

就这样相持几年之后，到了公元前327年，义渠新上任的国君不敢再与秦国继续抗衡，便提出向秦国称臣。秦国在义渠设县。

义渠称臣之后，秦国有了圈养战马的基地，义渠大片的牧场和上好的战马也归秦国调遣，充足的草场与战马资源为秦国接下来的东征提供了坚实的物质基础。

但是，义渠国君虽然对秦惠文王称了"臣"，权位仍在。义渠设县此举并未触动义渠国的统治体制，所以秦国也还没有完成对义渠的完全控制。

义渠灭国

义渠国君并不甘心就此臣服于秦国，他到魏国去朝见魏王，寻求共同反对秦国的机会。

公孙衍听说张仪重新担任了秦国的相国，心里十分忌恨，就对义渠国君说："贵国来此路途遥远，今日一别，以后也不可能再相见了，请允许我告诉您一件大事。"

义渠国君说："您请讲。"

公孙衍接着说："山东各国如果不联合起来攻打秦国，那么秦国将会去焚烧抢掠您的国家；如果山东各国共同讨伐秦国，秦国将会迅速派使臣用贵重的礼物讨好您的国家。但这并不是真的要和您交好，还请您考虑清楚。"

义渠国君说："您说得有道理，我会慎重考虑的。"

公元前318年，楚、魏、齐、韩、赵五国伐秦，秦惠文王担心义渠国君"反水"，导致自己后院起火两面受敌，果然接受了陈轸"赂之以抚其志"的建议，赠送文绣千匹、好女百人给义渠国君。

义渠国君召集群臣商议说："这大概就是公孙衍向我所说的那种情形了吧？"

于是，义渠国君并不买秦惠文王的账，还是趁着五国伐秦之机，出兵袭击了秦国。

五国伐秦的行动以败北收场，反倒是义渠在李伯（也作"李帛"）这个地方大败了秦兵。

秦国吃了这么大的亏自然也不肯善罢甘休，在李伯之战后的第四年，也就是公元前315年，秦军出兵征伐义渠，夺取义渠二十五座城。自此，秦国在西北地区占有了更大一片的优良牧场。

公元前310年，秦武王即位，和魏襄王在临晋会面，巩固秦魏联盟。秦武王腾出手来，又发兵攻打义渠，但未能灭亡其国。

到了公元前306年，秦昭襄王即位时，秦国与义渠的关系一度缓和，义渠王还亲自到咸阳朝贺。

秦昭襄王在位期间，由秦宣太后掌权，近四十年内，秦国与义渠一直相安无事，直到公元前271年，秦宣太后将义渠国君引诱到甘泉宫杀掉，之后又派兵灭掉了义渠国。

自此，义渠国退出了历史舞台。秦国在其故地设置了陇西、北地、上郡三个郡，修筑长城以拒胡。

秦灭义渠之后，基本上征服了西方的戎族，解除了后顾之忧，可以放心东征了。

《史记》原典精选

十年，张仪相秦。魏纳上郡十五县。十一年，县义渠。归魏焦、曲沃。义渠君为臣。更名少梁曰夏阳。十二年，初腊①。十三年四月戊午，魏君为王②，韩亦为王。使张仪伐取陕，出其人与魏。

——节选自《秦本纪第五》

【注释】

❶腊：腊祭，即岁末举行祭祀祖先的活动。

❷魏君为王：此条记载有明确的年月日，次年又改元，可知此处应为"秦君为王"。魏君称王在秦惠文君四年，并非十三年。

【译文】

秦惠文王十年（公元前328年），张仪担任秦国的相国。魏国割让上郡的十五个县。十一年（公元前327年），秦国在义渠设置县。将焦邑、曲沃归还给魏国。义渠人的首领向秦国称臣。秦国将少梁改名为夏阳。十二年（公元前326年），开始在腊月举行腊祭。十三年（公元前325年）四月戊午日，秦惠文君改号称王，这时韩国的国君也改号称王。秦国派张仪攻取了魏国的陕县，把当地民众驱逐到魏国。

改元

秦惠文王称王时还做了一件事，那就是改元。要知道，自周至秦汉初年，新君即位大都以当年或次年为元年，然后依次递数，中途不改元。

秦惠文王十四年（公元前324年）时，因为由"公"改称"王"，所以改元，开创了因重大事件改元的先例，也是君王改元的开始。

汉文帝十七年（公元前163年），因为得到一个玉杯，上面刻有"人主延寿"四个字，汉文帝认为这是祥瑞，于是把这一年改为元年，下令天下百姓聚会宴饮。这是皇帝在位中途改元的开始。

22 五国相王：抗秦联盟成立啦

人　　物：公孙衍
别　　称：犀首
生 卒 年：不详
出 生 地：阴晋（今陕西省华阴市东）
历史地位：战国时期著名的纵横家，"五国相王"事件的发起人

人物小传

上一篇故事中我们提到了公孙衍，他也是一个有意思的人，我们接下来展开说说他的故事。

公孙衍，也是战国时期纵横学派的代表人物。他曾出任魏国犀首一职，因而人们常用"犀首"称呼他。

人们往往认为苏秦和张仪，一个倡导合纵，一个倡导连横，是针锋相对的对手。但实际上，公孙衍才是张仪连横策略的主要对手。在当时一些人的心目中公孙衍是与张仪齐名的，但他传下来的事迹并不多。

他也是"五国相王"事件的发起者。

僭越称王

虽然在战国阶段周王室的存在感已经很低,在群雄争霸的大场面下都快沦为背景板了,但在"五国相王"事件之前,大多数诸侯国国君的称号结尾还都是某某侯、某某公,比如韩昭侯、秦孝公等等。

再比如秦惠文王在他改称"王"的前十三年里,他的称号其实是"秦惠文君""秦公驷",称王之后才是"秦惠文王"。

这是因为,周朝时期,周天子称王,王之下是分封的诸侯,爵位上分为公、侯、伯、子、男五个等级。

而将自己的称号改为"王",也就意味着诸侯从此在爵位上与周天子平起平坐,这是非常僭越的行为。

但奈何周天子的威信早已崩塌,诸侯们甚至连像春秋时期"尊王攘夷"那样,做做样子尊周天子为"天下共主"都不愿意了。

那么,战国七雄分别都是什么时候开始僭越称王的呢?

其实,早在春秋时期,楚国就已经僭越称王了,吴国、越国在春秋时期也已经称王,但这三个国家基本都是在自己国内使用"王"的称号,并没有得到中原诸侯的承认。

魏惠王可以说是战国时期第一个准备称王的国君。

公元前344年,魏惠王邀请诸侯在逢泽召开大会,率领十二国诸侯朝见周天子,宣布称王。魏惠王称王的行为遭到了齐国、韩国等大国的抵制。之后魏齐发生马陵之战,魏国国力迅速衰落。

公元前334年,魏惠王到徐州拜会齐威王,尊齐威王为王,齐威王不敢独自称王,于是也承认魏惠王的王号,这就是"徐州相王"。

公元前325年，也就是秦惠文王在位的第十三年，他也效仿齐、魏，自称为王，史称秦惠文王。同年，韩国国君韩康也跟着称王，史称韩宣惠王。

至此，战国七雄中就剩下燕、赵还未称王了。

五国相王

公元前323年，魏国的公孙衍发起了"五国相王"的合纵行动，提议魏国、韩国、赵国、燕国和中山国五国结成联盟，国君都称王，以对抗秦国、齐国、楚国等大国。

燕易王正是在本次"五国相王"事件中才称王的。

赵武灵王此时却不愿意称王，他认为赵国的实力还不够称王，让本国的人继续称呼他为"君"。所以，赵国成为战国七雄中最后称王的国家。

接下来，就来说一说"五国相王"是怎么一回事，这就得从公孙衍说起。

公孙衍是魏国阴晋人。

他最初在魏国做官，不得重用。后来到秦国参军，因为屡立战功成功晋升为一名将军。

公孙衍在秦国时替秦惠文王多次攻打魏国，夺取了魏国不少土地，其赫赫战功军中无二。

公元前333年，公孙衍获封大良造。次年，率领秦军向魏国发起了进攻，魏军大败，割让阴晋之地给秦国求和。

公元前331年，公孙衍在雕阴之战中击败魏国八万人，大获全胜，并擒获了魏国大将龙贾。

本来，公孙衍以为凭借着自己的赫赫战功，下一任相国的职位自己志在必得。

哪知道秦惠文王转眼就任命了张仪为秦国相国，公孙衍大失所望，加之张仪在朝堂之上对他处处排挤，公孙衍负气离开了秦国，回到魏国。

魏国刚刚失去河西之地，究其原因就是缺少良将，魏惠王一听说公孙衍回来的消息，也顾不上计较他之前带兵攻打魏国的事了，当即任命他为魏国犀首，统领魏国军队。

但此时的魏国满目疮痍，想要抗击秦国无异于蚍蜉撼树。于是，公孙衍便想着拉拢其他诸侯国，通过合纵来抗秦。

是不是觉得这个画面似曾相识呢？当年苏秦也是这般到处跑，游说各诸侯的。但不同的是，张仪与公孙衍可没有什么同门情谊，不会给他促成合纵联盟的准备时间。

公元前 323 年，秦惠文王派张仪到啮桑与齐国、楚国的相国会面，其目的就是与齐国、楚国结盟，防止他们与魏国合纵，方便秦国继续向魏国进攻。

公孙衍一看，这怎么得了？连忙也拉拢了韩国、赵国、燕国、中山国与魏国结盟，相互称王。

五国相王后，秦、齐、楚三国对他们采取敌视的态度，小动作不断，试图破坏五国结盟。

齐国当即表示：我们国家有万乘的兵力，中山国只有千乘，这么小一个国家也敢和我们一样称王？

为此齐国国君还发动了舆论战，试图联合燕国、赵国国君攻击中山国国君，迫使他去掉王号。但是这个计划没有成功。

之后，齐国又先后对燕国、赵国提出要割让平邑给他们，以贿赂两国退出合纵，燕国和赵国都没有同意。

秦国和楚国不像齐国那么迂回，他们破坏五国联盟的做法只有一个，那就是：直接进攻，瓦解联盟。

楚国派兵攻打魏国，占领了八座城邑，还打算废掉魏国的现任太子，立在楚国为质子的魏国公子为太子。

齐国一看，既然你来硬的那我也来吧，也开始向魏国边境增兵，用武力威胁魏国。

五国联盟眼看着合纵也无法抵御强国，便对"合纵"产生了动摇，最终，五国联盟还是解散了。

《史记》原典精选

八年，韩击秦，不胜而去。五国相王，赵独否，曰："无其实，敢处①其名乎！"令国人谓己曰"君"。

——节选自《赵世家第十三》

【注释】

❶处：居，占有。

【译文】

赵武灵王八年（公元前318年），韩国攻打秦国，没能取胜便撤兵了。五国相互称王，只有赵武灵王没有称王，他说："没有王的实力，怎么敢有王的虚名呢！"下令国人称自己为"君"。

犀首公孙衍

关于公孙衍在战国时期的地位，是有一定争议的。

根据《孟子》中的记载，"公孙衍、张仪岂不诚大丈夫哉？一怒而诸侯惧，安居而天下熄"。可见在当时一些人的心目中（至少在孟子看来）公孙衍与张仪是齐名的。

但公孙衍传下来的事迹并不多。《史记》中甚至没有单独的篇幅，只记载在张仪列传中。《战国策》中对他也仅有几条零星的记载。

关于"犀首"，有人认为这是公孙衍做过的官职名，也有人说这是他的称号，至今众说纷纭。不过，在古籍中，出现"犀首"二字往往指的都是公孙衍，犀首已经成了公孙衍的专称。

23 函谷关之战：列国合纵行动的第一次演练

人　　物：魏襄王
别　　称：魏嗣、魏哀王（史记中的魏哀王即魏襄王，属误记，魏国无"哀王"其人）
生 卒 年：？—公元前296年
出 生 地：大梁
历史地位：战国时期魏国第四任国君

人物小传

上一章我们讲到，公元前323年，秦惠文王派相国张仪到啮桑与齐国、楚国的相国会面。

同年，公孙衍也促成了魏、韩、赵、燕、中山"五国相王"。

不过，五国合纵很快就解散了。

张仪也很快就被秦惠文王免去了秦国相国的职位。

张仪带着目的来到魏国，被魏惠王任命为魏国相国。

他此次到魏国，为的就是让魏国首先对秦国称臣，然后再将剩余的诸侯国逐个击破。

但魏惠王自然也不是那么好糊弄的，他虽然任命张仪为相，却不愿意听从张仪的建议。

秦惠文王十分愤怒,在张仪任魏国相国期间,先后发兵攻打了魏国的曲沃(今山西省运城市闻喜县东北)、平周(今山西省介休市西)两座城邑给魏国压力,同时在暗中给予张仪更为优厚的待遇,让他更加尽心竭力地为秦国谋划。

但直到魏惠王去世,也没有让魏国有归附秦国的意思,此时已经是张仪在魏国任相的第四年了。

公元前318年,魏襄王即位,张仪继续劝说魏襄王归附秦国的事情,魏襄王同样没有听从。

张仪于是暗中传信让秦惠文王再次发兵攻打魏国,魏国屡屡战败,士气大跌。

魏国因为在秦国那里不断受挫,又想起了公孙衍的合纵之法。

五国伐秦

这一次,公孙衍拉拢了魏、赵、韩、燕、楚五国再次组成合纵联盟,并推选楚怀王为纵长,向秦国发起进攻。

公孙衍还联络了先前归顺秦国的义渠国,鼓动义渠国君一起向秦国发难,在边境进攻秦国,与合纵联盟形成包夹之势。

当然,秦国这里也没闲着,秦惠文王得知五国即将伐秦之后,立即给义渠国送去了大量绫罗绸缎等宝物想先稳住义渠国君,然后发兵迎战五国联军于函谷关。

这场战役史称"函谷关之战"。

然而,这次的合纵联盟军队与上一次"五国相王"时的情况一样,合纵联盟内部各诸侯国心思各异,抵达函谷关后都想着保存实力,谁也不愿意先发动

进攻。

楚、燕两国因为暂时受秦国威胁不大,消极对战;魏、赵、韩三国军队倒是与秦国军队交战了,但实力不敌,一时也攻不下函谷关。数天之后,秦国守将樗(chū)里疾出奇兵切断楚国粮道,楚军因缺少粮食先行撤退,其他四国也随之撤军。

联军向东撤退至修鱼(今河南省新乡市原阳县西南),而后各回各家了。这次函谷关之战的结果依然是秦国获得胜利。

退出合纵

等到了魏襄王二年，齐国也加入了攻打魏国的队列，在观津（今河北省衡水市武邑县）大败魏国的军队，齐国的攻打无疑是给魏国雪上加霜。

秦军也准备再次攻打魏国，不过在这之前，它先去攻打了韩国。秦国军队在与韩国军队交战时，生擒了韩国大将申差，并斩杀了八万士兵。

此消息传出，一时之间人心惶惶，各诸侯国都十分畏惧秦国，害怕明日被秦国铁骑踏平的就是自己的国土，被俘虏的就是自己的将领。

身在魏国的张仪趁着这个时机，再一次向魏襄王游说道："魏国现在的领土面积不满一千里，拥有的将士连三十万都不到。但是魏国四周的地势平坦，边境没有高山和大河的隔绝，就像是车轴的中心一样，哪个诸侯国发兵到这里都不需要花多大的力气。魏国的南边与楚国相邻，西边与韩国相邻，北边与赵国相邻，东边与齐国相邻，您要是想在东南西北四方都派兵驻守，那么单单守边的士兵就需要十万以上。魏国的地理形势，用天然的战场来形容一点也不为过吧？稍有闪失，就会导致四分五裂的结局。"

魏襄王沉默不语，默认了这番说辞。

张仪继续道："现在清楚了魏国的地理形势，恕我再说说所谓的'合纵联盟'。大王有没有想过，各诸侯缔结合纵联盟是为了什么？诸侯们无非是想借着合纵来使家国安宁、国君地位稳固、军队力量强大，让本国的名声更为显赫!

"可如今那些主张合纵的诸侯国又是如何做的?他们表面上互相结为兄弟,歃血为盟,背地里却互相欺骗、反复无常,这么下去合纵联盟一定会失败。

"再看那些主张合纵的游说家们,他们满嘴大话,不值得信赖。他们奔走诸侯国之间游说诸侯是为了什么?无非就是想让国君们赏识他们的口才,觉得

他们说得好从而重用他们，将功名利禄赐给他们，国君们是被迷惑了啊！"

魏襄王同样不能反驳。

张仪便又说道："还请大王设想一下，如果大王不归附秦国，那后果会是怎样的呢？届时秦国会继续东出，攻打黄河以南的地区，占领卷地、衍地、燕地、酸枣，劫持卫国，夺取阳晋，那么赵国与魏国来往的要道就被截断了。自此，赵国的军队就不能南下驰援魏国，魏国的军队同样不能北上驰援赵国，这么一来，所谓的合纵联盟自然就失效了。如今韩国已经在秦国的攻击下损失了八万士兵，会因为惧怕而臣服于秦国，等秦国与韩国合为一体，那么魏国的灭亡就近在眼前了。我实在是替大王担忧啊！"

魏襄王看上去已经有所动摇。

张仪乘胜追击说道："还请大王再设想一下，如果大王归附了秦国呢？届时楚国、韩国一定不敢侵犯魏国，大王就可以高枕无忧，魏国才能真正家国安宁呀。

"况且，秦国最想削弱的国家其实是楚国，楚国虽然有民富国强的名声，但实际上却很空虚，打不了硬仗。大王不如和秦国结盟，攻打楚国，这样既转嫁了灾祸，也能割裂楚国从中获益，是件天大的好事呀。"

张仪一番循序渐进的说辞，加上秦国如日中天的国势，终于让魏襄王败下阵来，他选择背弃合纵盟约，请求与秦国重新交好。

完成任务后的张仪，则是找了个很好的借口离开了魏国。

离开前他对魏襄王道："我知道朝中的大臣们对我这个曾经担任过秦国相国的人十分不信任。我听说，羽毛虽然很轻，但一旦堆积到一定程度也能将一艘船压沉；再轻的货物，装载多了也会把车轱辘压断；有些话虽然是虚假的妄言，但若是说的人多了也就成为真的了；很多人的诽谤汇聚在一起，就能把一个追求真理的人毁灭。所以请大王您允许我辞了相国的位置，离开这个是非之地吧。"

魏襄王答应了张仪的请求，让张仪带着与秦国结好的诉求回到秦国去。

张仪回到秦国后，仍然做了秦国的相国。

但是没过多久，魏襄王就后悔了，秦国的东出加上张仪的连横策略，加快了蚕食各诸侯国的速度，东方各国受到了严重的威胁。

魏襄王又想重新加入合纵联盟，就任命公孙衍为新相国，重新实行合纵策略。

秦国很生气，出兵攻打魏国，夺取了魏国的曲沃城，赶走了公孙衍。第二年，魏国只好又重新归附秦国。

《史记》原典精选

七年,乐池相秦。韩、赵、魏、燕、齐帅匈奴①共攻秦。秦使庶长疾与战修鱼,虏其将申差,败赵公子渴、韩太子奂,斩首八万二千。

——节选自《秦本纪第五》

【注释】

❶ 匈奴:此处应为义渠。

【译文】

七年(公元前319年),乐池担任秦国的相国。韩国、赵国、魏国、燕国、齐国率领军队与匈奴(义渠)军队联合攻打秦国。秦国派樗里疾和敌军在修鱼交战,俘虏韩国的将领申差,打败赵国的公子渴、韩国的太子奂,斩首士兵八万二千人。

千年雄关函谷关

在前面的故事中,函谷关已经出场过很多次了。

函谷关始建于西周,是我国历史上建置最早的雄关要塞,因关在谷中,深险如函,故称"函谷关"。

战国时秦惠文王从魏国手中夺取了崤函之地后,秦军据函谷关天险抵御六国军队,函谷关就成了秦国的一道防御屏障。从洛阳至西安故道中间的崤山至潼关段,多在涧谷之中,仅容一车通行,素有"一夫当关,万夫莫开"之说。

陈轸救楚：情商爆表也拦不住不听劝的人

人　　物：陈轸
生 卒 年：不详
出 生 地：夏地（河南省南阳市一带）
历史地位：战国时期著名的纵横家、谋士，先后在秦国、楚国为官

上一篇我们讲到，张仪多年策反，终于说动了魏襄王背叛合纵联盟归附秦国。然后没过两年魏襄王就后悔了，秦国一怒之下派出大将樗里疾攻打魏国，夺取曲沃城，魏襄王只得再次背叛合纵联盟，与秦国交好。

秦惠文王又想要攻打齐国，但此时齐国与楚国仍有盟约，他就想先破坏了齐国与楚国的亲密合作关系。

公元前313年，秦惠文王派才从魏国回来没多久的张仪前往楚国，去游说楚怀王和齐国断交。

张仪戏楚

张仪刚到楚国,楚怀王就十分热情地招待了他,一切礼仪按照对待上等宾客的规格:不仅空出上等驿馆供张仪居住,楚怀王甚至亲自去驿馆迎接他。

一见面,楚怀王就问张仪道:"张先生,我楚国的地理位置偏远,国力又十分鄙陋,不知道您来到这里,是有什么要指教于我吗?"

张仪见楚怀王将姿态放得很低,便故意哀叹说:"唉,如果大王您真能听我的建议就好了。"

楚怀王果然忍不住追问张仪。

张仪便继续说道:"其实秦王是十分喜欢大王您的,而我也最想做大王您的臣子,可惜秦王最讨厌的人就是齐王,而大王您却与齐王的关系十分密切,这实在让想要助您的秦王和想要为您效劳的我为难啊!"

楚怀王被奉承得十分愉悦,追问道:"那我该怎么办呢?"

张仪便开门见山地说道:"大王您立刻退出结盟,和齐国断了关系吧!"

楚怀王显然被张仪说的话吓了一跳,连忙开口询问缘由。

张仪说:"因为秦国想要与您交好呀。如果您肯与齐国断交,我会向秦惠文王请求丰厚的回馈来弥补大王您的损失。到时候楚国将获得商於一带方圆六百里的土地,还能迎娶秦国的女子入宫,这样秦、楚两国结成姻亲关系,永远做像兄弟一样亲近的国家,这关系肯定要比签订的联盟关系牢固啊!"

张仪说出的一大串好处已经让楚怀王冲昏了头脑,楚怀王忙道:"好!就按你说的办!"

楚怀王不仅以最高的礼遇对待张仪,还将楚国的相印给了张仪,并时刻将"我很快就能拿回商於之地了"挂在嘴边。

见楚怀王因为张仪的提议如此高兴,楚国朝中的大臣们大多也见风使舵,奉承说楚怀王的决策十分高明,并为楚国即将得到商於一带的土地提前向楚怀王献上祝贺。

当然,也有清醒的臣子和楚怀王唱反调,这个人就是陈轸。

陈轸这个人说来也有意思,他与前面说到过的魏国犀首公孙衍的经历有些相似,他们早些年都曾在秦国为官,和张仪一起侍奉秦惠文王,但都因为张仪的排挤被迫离开秦国,公孙衍回了魏国,陈轸则是到了楚国。

陈轸讲故事

　　陈轸是个高情商、会说话的人，他常常用讲故事的形式传达自己想要表达的意思，不知不觉间就能达成自己的目的。

　　有一次，陈轸代表楚国出使秦国。恰逢此时韩国和魏国已经交战了一年多，还没有和解，秦惠文王就想从中掺和一脚捞点好处，但到底帮谁、怎么帮他还没有决断。

　　看见陈轸来秦，秦惠文王就问他："先生当初离开我去了楚国，有想念我吗？"

　　陈轸也知道他想问的其实另有其他，就回答说："大王听说过越国人庄舃吗？他在楚国做了很大的官，楚王也想知道他还会不会惦记越国。有人就给楚王出主意说，这个很好判断呀，人们生病的时候通常最思念自己的故乡，大王不如趁着庄舃生病的时候派人去听一听他的口音，就知道他还想不想越国了。楚王果然派人去听了，庄舃病中呻吟时用的还是越国口音。"

　　陈轸停顿一下后继续说道："大王您再看看我，我虽然曾经被赶出秦国，到了楚国，可我如今说的还是秦话呀。"

　　秦王一听，就明白了陈轸的意思，非常舒心。于是接着问他："韩国和魏国如今的情形你也知道，有人跟我说让它们和解会对我有利，也有人跟我说不让它们和解才对我更有利。我不能做出决断，希望先生能替我出个主意。"

　　陈轸想了想后说："有人跟大王讲过卞庄子刺虎的故事吗？卞庄子打猎时想要刺杀老虎，有人就劝他说：'这两只老虎都在吃这一头牛，必然会起争斗。何不等它们斗得两败俱伤之时您再上前，这样您不就可以一举得到两只老虎了吗？'卞庄子觉得他说得很有道理，就站在一旁等待时机，果然没一会儿弱一点的那只老虎死了，强一点的那只老虎受了重伤，卞庄子上前收拾了那只受伤的老虎，然后得了一举杀死二虎的美名。如今韩魏相争，不正像是这两只老虎吗？大王何不学学卞庄子呢？"

秦惠文王听完拊掌叫好，果然没有去干预韩魏两国的争斗，一直等到弱国面临灭亡，强国国力受损，他才兴兵讨伐，坐收渔翁之利。

这就是陈轸说话的水平了。

陈轸劝楚王

张仪到楚国时，陈轸因为了解张仪的为人，自然对张仪劝楚怀王的话心存疑虑，他劝谏楚怀王道："大王别听信张仪的谎话。明明与齐国联盟，楚国能

得到更多的土地，到时候又何止是小小的商於一带呢？大王如果与秦国交好，不仅得不到商於之地，还有可能得罪齐国，导致楚国腹背受敌。而且张仪今天能来楚国劝说楚国与秦国联合，那么明天就可以去齐国劝说齐国与秦国联合，如果齐、秦真的联合起来，楚国就完蛋了！"

楚怀王听完后表示怀疑："你这么说有什么依据呢？"

陈轸便解释说："现在秦国为什么重视楚国呢？那是因为楚国与强大的齐国结盟了。可如果楚国一旦废除了与齐国的盟约，没有了齐国的支持，楚国不就孤立无援了吗？到时候秦国怎么可能还继续重视楚国呢？更别提给大王您六百里的商於之地了！"

楚怀王问："那你说怎么办？"

陈轸又出主意道："大王，我想到的对策是这样的：您不如表面上答应与齐国断绝关系，但暗中还是和齐国继续交好，等秦国真的把那六百里的土地给了您，您再和齐国断绝关系也不晚呀。"

陈轸的意思是让楚怀王给自己留条后路，凡事要做好最坏的打算。这样就算张仪回到秦国后不履行承诺，楚国也不会有什么损失。

但楚怀王可不这么想，他对张仪许诺的六百里商於之地已经眼馋很久了，根本不想做这些无谓的准备工作耽误时间！

所以，在听完陈轸的一番说辞后，楚怀王大声呵斥他："你闭嘴，不要再说废话了。你就等着看秦国把土地送给我吧！"

陈轸怎么也没想到，他千辛万苦换了个国家效力，国君居然是个不听劝的，自己还是没能斗得过张仪。

楚怀王不仅相信张仪的鬼话，还将楚国的相印授予了张仪，让他带着一大车丰厚的礼物回秦国。

之后，楚怀王欢天喜地地与齐国断绝了来往，废除了盟约，还派了一员将军跟随张仪去往秦国拿土地。

结果张仪刚回到秦国，就假装没有抓住缰绳从马车上摔了下来，直接摔了个腿不能抬、步不能迈，这下自然也不能上朝了。

张仪在自己的府里养伤三个月，其间不能去面见秦惠文王，割让土地的事情自然也搁置了。

远在楚国的楚怀王听说了此事后，他的第一反应是："张仪不会是故意不上朝的吧？"他又暗自说道："他难道是觉得我与齐国断交得不够彻底？"

这么想着的楚怀王又干了一件大事：他派出了一名使者，从宋国绕道前往齐国，指着齐王的鼻子一通大骂，彻底将楚国与齐国之前结下的友好关系断送殆尽。齐王被气得当场拍案而起，摔碎了符节，与楚断交。

气不过的齐王转身就与秦国结了盟。这下子，局面马上变成齐国与秦国友好建交，与楚国交恶了。秦王表示很满意。

好巧不巧，在这个节点上张仪又可以上朝了，他对前来索要土地的楚国使臣说："我这里有秦惠文王赐给我的六里封地，你们拿去吧，我愿意把这块封地献给楚王。"

使臣心下一惊：六里？这可和说好的不一样！

他连忙对张仪说道："我得了楚王的命令，来向秦王拿六百里商於之地，没有听说过是六里啊。"

但张仪一副要其他没有的模样，将使臣遣回了楚国。

使臣将他在秦国遇到的事情原原本本地汇报给楚怀王，楚怀王听后十分愤怒，后知后觉地发现自己居然真的被张仪戏耍了。

气不过的楚怀王立马准备发兵攻打秦国。

陈轸此时又有话要说，他面见楚怀王再次劝谏道："大王，您现在可以允许我说话了吗？依我所见，您现在与其去攻打秦国，还不如反过来割让土地给秦国，贿赂秦国，再联合秦国帮我们一起攻打齐国。这样我们能够占领齐国的大片土地来弥补损失，秦国也得到了我们割让的土地，既能实现双赢，大王的国土也能够得以保存。"

当然，结果自然是不受宠的陈轸依然不受宠，楚怀王再次略过了他的建议，直接发兵攻打秦国。

秦国联合齐国一起迎战楚国，斩杀了楚国将士八万余人，就连楚国的领军大将屈匄也战死了。接着，秦、齐军队又占领了楚国的丹阳、汉中等地方。

楚国不服，又在蓝田增派了军队和秦国大战，楚国军队大败，割让了两座城池向秦国求和，这才平息了战事。

楚怀王两次攻打秦国，都以失败告终，从此楚国的国势一蹶不振，几乎从诸侯国的争霸中出局。

陈轸在楚国的处境也愈发艰难，最后只得离开楚国改去齐国发展。

《史记》原典精选

怀王大悦，乃置相玺于张仪，日与置酒①，宣言"吾复得吾商於之地"。群臣皆贺，而陈轸独吊。

——节选自《楚世家第十》

【注释】

❶ 置酒：安排酒宴。

【译文】

怀王非常高兴，就把楚国的相印交给了张仪，每日都为他安排酒宴，并扬言说"我又得到了我们的商於之地"。大臣们都来祝贺怀王，只有陈轸很难过。

雪中送炭

本篇中，楚怀王被张仪耍得团团转。但鲜少有人知道，蠢蠢不听劝的楚怀王身上还发生过一件"雪中送炭"的故事。

当时正值岁末，大雪纷飞，楚怀王命人给他的宫殿里点上炉火，炉火烧得旺旺的，但楚怀王还是觉得冷，于是他想道：炉火烧得这么旺，我还穿着这么厚的袄子，还感觉如此冷，那我那些既没有炉火也没有袄子的百姓们该怎么挨过这个冬天呢？

楚怀王便下令给全国的贫苦百姓都送去木炭，让他们可以在这个隆冬获取一些温暖。

百姓们知道木炭是大王送来的之后，都十分感激。这大概也是后来楚怀王去世后，楚国百姓哀怜悼念楚怀王，就像失去父母兄弟一样悲痛的原因吧。

25

五跪得范雎： 秦国远交近攻战略的确定

人　　物：范雎（jū）
别　　称：范且、范雎、张禄
生 卒 年：不详
出 生 地：芮城（今山西省芮城县）
历史地位：战国时期著名的政治家、纵横家、军事谋略家，曾出任秦国相国，提出了"远交近攻"的战略

人物小传

公元前311年，秦惠文王去世，他的儿子秦武王即位。

此时的韩国、魏国、齐国、楚国、越国都服从于秦国。

但之前奔走在各个诸侯国之间进行连横政策游说、立下大功的张仪却不得秦武王的喜欢，最后死在了魏国。

秦武王不仅做不到像秦惠文王那样信任张仪，还早在他是太子的时候就对张仪没有什么好感。他天生有神力，喜欢作战英勇的武士们，不喜欢像张仪这样靠嘴皮子功夫获得恩宠的人。

秦武王即位后，朝中很多本就嫉妒张仪的臣子在秦武王面前说张仪的坏话："张仪这个人不值得重用，他现在在天下的名声非常差，靠着反复无常、出卖了很多国家才换来了先王对他的重用，可如果大王您继续重用这种不讲信用的人，是要被天下人耻笑的！"

张仪也知道自己在秦武王面前不讨喜，就自请去魏国，引得齐国去攻打魏国，给秦国制造可乘之机。

于是，一代传奇人物张仪就此被派去了魏国再次为相，直至在魏国去世。

重武好战

秦武王是个很有政治抱负的人，他即位的第一年，就在临晋与魏国国君会面。

秦武王二年（公元前309年），开始在秦国设置丞相，并任命樗里疾、甘茂分别为左、右丞相。

秦武王三年（公元前308年），秦武王和韩襄王在临晋城外会面。之后，左丞相樗里疾被派到韩国去担任韩国的相国。也是在这一年，秦武王对右丞相甘茂透露了一个想法："我想在三川地区打通一条路，有生之年可以到周王室去看一看，这样我就死而无憾了。"

秦武王是个行动派，他说完这番话的当年秋天，就派甘茂前去攻打当时韩国的重镇宜阳（今河南省洛阳市宜阳县西）。

秦武王四年（公元前307年），甘茂大胜而归，秦军占领了宜阳，斩杀韩军六万人。

但也是在这一年，秦武王的雄图霸业却戛然而止了，这是怎么一回事呢？

这就不得不说起秦武王的一个爱好：他天生力气很大，所以特别喜欢和别人比力气，大力士任鄙、乌获、孟说都因此当上了大官。

某一天,秦武王来到东周洛阳,看见大禹留下的九鼎,心痒难耐,就和大力士孟说打赌,看谁能举起殿前的大鼎。

孟说看着这沉甸甸的大鼎,忙摆手说自己不行。

秦武王就亲自上前举鼎,结果一个不小心大鼎脱手,直接砸到了他的腿上,回去后没过多久就去世了。

秦昭襄王被架空

秦武王去世后,原本在燕国做人质的秦国公子、秦武王的异母弟弟嬴稷被接回了秦国即位,这就是秦昭襄王。

刚即位时的秦昭襄王年纪还小,朝中大事基本都由他的母亲代为操持。

而秦昭襄王的母亲,就是那位鼎鼎有名的秦宣太后——芈八子。

一直到公元前304年,年满二十二岁的秦昭襄王举行了加冠礼之后,才开始亲自处理政事。但秦宣太后并没有完全交付权力,还一直干涉政事,秦昭襄王处处受到掣肘。

秦昭襄王为此苦闷不已,直到王稽从魏国带回来范雎,秦昭襄王才在他的帮助下成功从秦宣太后和魏冉的手中夺回权力,真正将秦国掌握在自己的手中。

范雎死里逃生

公元前271年,也就是秦昭襄王三十六年,秦昭襄王派使臣王稽出使魏国。

王稽此次到魏国,除了明面上面见魏王外,还在暗地里挖掘魏国的人才到秦国去发展。

一个名叫郑安平的魏国人,受人之托,把自己打扮成差役的模样接近王稽。王稽就跟他打听魏国有哪些有名气的贤能之人。

郑安平对王稽说:"我的家中就有一个名叫范雎的人,十分有才能。但他因为得罪了人,不敢白天出来与您相见。"

王稽说:"那晚上让他和你一起来见我。"

当天晚上,王稽和范雎就在郑安平的安排下见了一面,两人聊得十分投机,谈话还没有结束，王稽就和范雎约定好了时间，说："请先生在我离开的那日到三亭岗的南面等我，我带您去秦国。"

这位用三言两语就打动了王稽的范雎又是什么来历呢？

范雎原本是魏国人，想要辅佐魏王，可惜他家里很穷，没有途径面见魏王，便只能先投奔到魏国中大夫须贾门下侍奉。

有一次，范雎陪着须贾前往齐国，齐襄王被范雎的口才深深吸引，就命人赏赐给他十斤黄金和无数美酒佳肴。

然而，须贾嫉妒得心里痒痒，认为范雎是靠出卖魏国的机密才博取了齐襄王的奖赏，一回到魏国就立即把此事上报给了魏国相国魏齐。

魏齐盛怒之下狠狠地教训了范雎一顿，将范雎打得几乎丢掉了性命。后来，范雎凭着装死才侥幸地捡回了一条命，但也从此被迫过上了隐姓埋名、寄人篱下的生活，不敢再出来露面。

因此，当王稽说要带他去秦国当谋士时，他是十分乐意的。

可惜的是，王稽有意将他举荐给秦昭襄王，但此时的秦昭襄王却对能言善辩的谋士和说客感到极度厌恶，认为他们的话都不可信。所以，来到秦国的范雎一开始并未得到重用。

妙计激昭王

范雎可不满足于只做一个混吃等死的门客，他决定主动出击让秦昭襄王注意到他。

怎么引起秦昭襄王的注意呢？范雎决定帮秦昭襄王解决他的心头大患。

那么，能让一国之君秦昭襄王烦忧的是什么事呢？

当时秦国朝中有"四贵",分别是穰侯魏冉、华阳君芈戎、泾阳君公子芾、高陵君公子悝。魏冉、芈戎是秦宣太后的亲弟弟,公子芾、公子悝则是秦宣太后的儿子、秦昭襄王同父同母的亲弟弟。

这四位贵胄仗着身份显赫,且背后有秦宣太后撑腰,平日里行事高调张扬。他们不仅各自有专属于自己的封地,还攒下了大量的财富。四个人所拥有的财富加起来就几乎等同于整个秦国!

于是,范雎向秦昭襄王上书道:

"如果大王觉得我所提的建议可以接受,那么希望您能施行并让您的国家受益;如果大王觉得我所提的建议不能接受,那么我继续待在秦国也没什么意义了。我听说中饱私囊、拥有大量财富的士大夫,他们的利益都是从诸侯国中获得;能够使一国富足的诸侯,他们的利益则都是从其他诸侯国中获得。如果天下有了圣明的君主,那么他是不会允许独自占据财富的诸侯出现的,这是为什么呢?因为诸侯独自占据大量财富后就会分割国君的权力。"

范雎洋洋洒洒地写下了这一封上书,甚至在最后以死明志,恳请秦昭襄王给他一次面见的机会。范雎说道:"如果我面见大王之后大王认为我所说的话没有用,我甘愿认罪受死!"

秦昭襄王读完范雎的上书后,被范雎的决心所打动,同意与他见一面。

五跪得范雎

范雎进宫拜见秦昭襄王的当天,乘着秦昭襄王为他安排的马车抵达秦宫。到了秦宫后,他并没有直接去会见的地方,而是装作不小心迷路的样子,闯进了去秦昭襄王内宫的通道,还与内宫侍奉的宦官起了争执。

宦官还没来得及赶走范雎，秦昭襄王就从内宫走了出来。

于是，宦官们恭敬地喊道："大王来了！"

范雎却四下张望，故意乱嚷嚷，想要激怒秦昭襄王："大王？什么大王？秦国哪有什么大王？我只听说过秦国的宣太后和穰侯魏冉！"

秦昭襄王看到这一幕，非但没有动怒，反而上前对范雎恭恭敬敬地行了一礼，并说道："我本来应该早早等在这儿聆听先生的教导，可无奈刚刚来报说义渠那边出了点紧急的事情需要处理，再加上我每天早、晚都得去向太后请安，这才耽误了与先生的见面。我自知愚钝，所以还是让我先向先生按师生礼节致歉吧。"

范雎客气地还了礼。

这一幕发生在宫道上，当时在场的除了侍卫外还有许多来谒见秦昭襄王的官员。秦昭襄王对待范雎如此恭敬的态度，让这入在场的官员们看得清清楚楚，之后没有一个敢对范雎不恭敬的。

秦昭襄王屏退了侍从和大臣们，单独召见范雎。

宫殿中没有了别人，秦昭襄王放下国君的架子，跪拜在地郑重向范雎请求说："先生，您上书的内容正是我所忧虑的，请先生教教我应该怎么做。"

范雎没有开口回答。

见范雎不说话，秦昭襄王再一次行礼，然而范雎还是不开口。

秦昭襄王一连跪了五次，而后长跪不起询问道："先生终究是不愿意教导我吗？"

范雎这才开口回话："我不是不愿意，是不敢啊。我才来秦国没多久，只是一个寄居在秦国的异乡人，与大王您的交情十分疏远。但我想给大王的建议，

却是要让大王对您的骨肉至亲采取行动。我想要对您献出我微不足道的忠诚，却不了解大王您内心的真实想法，所以我刚才才不敢回答您。"

秦昭襄王说："先生是在担心我以后会杀了你吗？"

范雎道："死有何惧！我担心的是我被杀以后天下人从此害怕对大王您献出忠诚，不敢对您直言进谏，甚至不愿意来到秦国！到那时，在上有宣太后压制您，在下朝中都是奸臣迷惑您，就再没有帮助您辨别忠奸的贤臣了。

长此以往，您将孤立无援，国家危矣，这才是我害怕的事情啊！"

秦昭襄王听完后又对范雎行了个大礼，然后说："先生从遥远的中原来到这偏远的秦国，愿意教导我这个愚笨的人，这是秦国的先辈在庇佑我啊。以后无论事情大小，上至太后的事，下至大臣的事，希望先生都能毫无保留地继续教导我。不用怀疑，我完全信任先生。"

范雎听完连忙郑重地向秦昭襄王拜了两拜，秦昭襄王也连忙向范雎回礼。

远交近攻

二人再次落座后，开始针对秦国的现状展开交谈。

范雎说："如今秦国进可攻退可守，百姓安居乐业，士兵作战勇猛，正是建立霸业的好时机。然而大王的臣子并不称职，大王的计策也多有失误，这才导致秦军困在函谷关内，不能征服东方六国。"

秦昭襄王连忙追问说："我想听听我的失误之处，还请先生细说。"

范雎害怕隔墙有耳，不敢说国内太后专权的事，就先说对外的事，以此来观察秦昭襄王的态度。

他说："穰侯越过韩、魏两国去攻打齐国的纲寿，这不是个好计策。出兵少就不足以让齐国受损伤，出兵多了又会反过来伤害秦国的利益。你看之前齐湣王向南攻打楚国，虽然打败了楚国，可实际上齐国最后连一寸土地也没有拿到手。其他诸侯国看齐国处于大战后的疲惫状态，还趁机攻打齐国，齐国一下子就陷入了内忧外患之中，可见越过邻国而去攻打远处的国家，是得不偿失啊！大王不如与离秦国较远的国家交好，转而去攻打秦国近旁的国家，这样打下来一寸土地大王就获得一寸土地，不是实实在在的好处吗？"

这就是著名的"远交近攻"战略。远交近攻，就如同字面上的意思：对燕、齐这样距离秦国相对较远的国家，暂时保持良好的外交关系；对在秦国近旁的韩、魏两国，当成秦国日后防范进攻的重点。

秦昭襄王听从了范雎的建议，派五大夫绾去攻打临近的魏国，占领了魏国的怀城。两年之后，又派人去占领了魏国的邢丘。

之后，秦昭襄王在秦国执行范雎"远交近攻"的战略方针，取得了一系列对外战争的胜利。

范雎也一天比一天得秦昭襄王的信任，被任命为客卿，为秦昭襄王出谋划策。

公元前266年的某一天，范雎眼看着时机成熟，就建议秦昭襄王在国内采取措施，独掌国家大权。于是，秦昭襄王废除了秦宣太后参与朝政的权力，并将长期在朝中无视王权的"四贵"都驱逐出都城，让他们到函谷关之外的封邑上待着。

同年，秦昭襄王任命范雎为秦国相国，辅佐自己处理国事，并把应邑（今河南省平顶山市宝丰县西南）封给范雎作为封地，范雎也就是应侯。

在范雎的帮助下，秦昭襄王独掌秦国大权，开始了对东方六国的鲸吞蚕食。

《史记》原典精选

秦王屏左右,宫中虚无人。秦王跽①而请曰:"先生何以幸教寡人?"范雎②曰:"唯唯③。"有间,秦王复跽而请曰:"先生何以幸教寡人?"范雎曰:"唯唯。"若是者三。秦王跽曰:"先生卒不幸教寡人邪?"

——节选自《范雎蔡泽列传第十九》

【注释】

❶跽:长跪。古人席地跪坐,挺直了身子跪着就是跽。
❷范雎:一作范且,或误作范睢。
❸唯:表应答的声音,相当于"嗯""是"。唯唯,就是只应声不回话。

【译文】

秦王屏退左右的大臣和侍从,宫殿里没有了别的人。秦王长跪着向范雎请教说:"先生有什么要教导我的?"范雎只应声不回话。过了一会儿,秦王又一次长跪着问范雎:"先生有什么要教导我的?"范雎再次只应声不回话。秦王像这样重复了多次,而后跪着对范雎说道:"先生终究不愿意教导我吗?"

上书

战国以前臣僚向君主进呈文字统称"上书",秦统一六国后始称为"奏"。奏是进上的意思。汉代臣僚上书有时也称"上疏"。疏是疏通的意思,引申为对问题的分析。

奏疏是臣子向皇帝陈述意见或说明,其方式一般是感恩戴德、忆苦思甜、发誓赌咒,最后言事。大臣的奏疏中可以报告工作、歌功颂德、议礼论学、陈政要、言兵事、进谏、弹劾等等,其使用范围相当之广泛。文人谋士也可以给皇帝上奏疏,谈论社会人生、宣扬政治主张,是意见上达天听的重要渠道。

26 渑(miǎn)池之会：以血溅五步逼秦王击缶

人　　物：廉颇
别　　称：信平君
生 卒 年：不详
出 生 地：苦陉县（今河北省定州市邢邑镇）
历史地位：战国末期赵国名将、杰出的军事家，与白起、王翦、李牧并称"战国四大名将"

人物小传

公元前279年，秦昭襄王为了集中力量攻打楚国，主动与赵国交好，约赵惠文王在渑池（今河南省三门峡市渑池县）会面。

原本赵惠文王因为畏惧秦国，是不想去的。多亏了廉颇和蔺相如轮番劝说："大王，您如果不去，那岂不是让别人以为咱们赵国既胆小又懦弱吗？"

赵惠文王听后，决定听从他们的建议，去渑池赴会。

渑池之会

此次赴会，蔺相如跟随赵惠文王一起去，廉颇则率领大军一路护送赵惠文王到赵国的边境，而后陈兵边境作为威慑。

临别之际，廉颇对赵惠文王说："大王，您这次去渑池，我估算了一下往返的时间，加上从会见开始到结束的时间，应该也不会超过三十天。若超过三十天您还没能回来，就请允许我拥立太子为国君吧，免得秦王把您扣留在秦国作为要挟赵国的筹码。"

赵惠文王听后，爽快地回答说："好！"说完，他便启程前往渑池。

到了渑池，赵惠文王与秦昭襄王顺利会见，双方行过礼后，便在宴席上开始叙谈。

宴席进行到一半，秦国与赵国的一众君臣都喝得正欢，秦昭襄王突然说："哎呀，我听说赵王十分喜欢音乐，要不现在给我们弹奏一曲瑟（古代弦乐器，外形与琴类似）怎么样？"

赵惠文王不好拒绝，只得叫人去拿瑟，然后弹奏了一曲。

这时，秦国的史官快步走上前，手里捧着竹简，提笔在上面写道："在某年某月某日，秦王和赵王一起饮酒，秦王下令让赵王弹奏瑟。"

蔺相如看到这一幕，认为这是对赵国的莫大侮辱，心里十分恼火。他立即走向秦昭襄王，拱手说道："我们赵王也听说秦王擅长演奏秦国的乐器，要不我为您献上盆缶，您也演奏一曲，这样大家就都能快乐了！"

秦昭襄王瞪大了眼睛，生气地拒绝了蔺相如。

蔺相如却没有放弃，他捧着盆缶走到秦昭襄王面前，向秦昭襄王跪下请求他演奏。

秦昭襄王仍旧不肯演奏，蔺相如便怒目看向秦昭襄王说道："我现在距离大王只有五步，如果大王您执意不肯敲打盆缶，那么我保证，在这五步之内，我拼着不要性命，也要将脖颈里的血溅到大王的身上！"

听他这么说,原本侍立在秦昭襄王身边的侍卫们纷纷上前拔出武器,想要杀了蔺相如。

但蔺相如怒目圆睁,大声呵斥他们,气势十分骇人,侍卫们吓得纷纷退后。

秦昭襄王见状，只好不情不愿地敲击了一下盆缶。

蔺相如转过头对赵国一起跟来的史官说道："请你如实记录下刚才的情形。"

赵国的史官便也在竹简上写道："在某年某月某日，赵王和秦王一起饮酒，秦王为赵王击打盆缶。"

秦国的大臣们见秦王没有占到便宜，心有不甘。其中一个秦国的大臣开口说道："今天的相会不易，还请赵国拿出十五座城池献给我们秦王作为贺礼。"

蔺相如站出来回道："既然如此，还请把秦国的都城咸阳拿出来，当作献给我们赵王的回礼！"

秦国的大臣被噎得说不出话来，只得再次作罢。

对于秦国的无理要求，蔺相如分毫不让。于是，直到这场渑池之会结束，秦国也始终没能压过赵国一头。

秦国知道赵国的廉颇率领大批的军队部署在边境上防范着秦国，也不敢有什么对赵王不利的举动。和谈结束后，就放赵王平安离开了。

看到这里你或许会有疑问，渑池之会的初衷不是秦昭襄王想要与赵国交好吗？那为什么秦国在会面时又多次为难赵国呢？

这是因为，渑池之会虽然表面上是和谈，但实际上秦国却是想要以让赵王弹奏瑟，甚至让赵国献上城池等做法，在气势上压倒赵国，好在后面的和谈中处于优势地位、威慑赵国。

但蔺相如的一番做法，与上次保全和氏璧一样，在不开罪秦王的同时，也帮赵王成功解围，挫败了秦国的嚣张气焰。最终两国达成和谈，偃旗息鼓停止战争，化干戈为玉帛。

负荆请罪将相和

渑池之会结束后,赵惠文王因为蔺相如的出色表现,把他任命为上卿,地位甚至超过了廉颇。

这让廉颇很不服气,他说:"我是赵国的大将,为赵王立下了许多攻城略地的大功,可他蔺相如只不过凭借着一张能言善辩的嘴,如今地位居然比我还高!他本是身份低贱的人,我觉得屈居在他之下实在是太羞耻了!"

廉颇越说越不满,逢人便说:"千万不要让我碰到蔺相如,要是让我碰到了,我一定要让他当众出糗,好好羞辱他一番。"

这话很快就传到了蔺相如的耳朵里,自那以后,蔺相如就借口自己生病了,连上朝都不去,只为躲着廉颇。

只是有一次实在不巧,蔺相如坐着马车出门,眼看着就要和廉颇正面撞上了,他赶紧让人调转车头,躲了起来。

蔺相如的这一举动,引来了门客们的不满。他们集体向蔺相如进言道:"我们离开亲人投奔您,来当您的门客,是因为仰慕您高尚的气节。但现在您面对廉颇的挑衅,三番五次地躲起来,显得如此懦弱……连我们也为您感到羞愧!您未免太过胆怯了,普通人被这样辱骂尚且会感到耻辱,何况您还是位列上卿的人呢!我们没有才能,无法继续跟随您了,就此告辞。"

蔺相如连忙劝住了他们,说:"各位,你们觉得廉大将军和秦王比起来谁更令人畏惧呢?"

门客们回答说:"廉将军自然比不上秦王。"

蔺相如接着说:"那就是了。我面对秦王那样有威慑力、令诸侯们都恐惧的人，都敢在秦国的地盘上大声地呵斥他，把秦国的大臣们弄得羞愤难当！我这份胆识，难道唯独畏惧廉颇将军吗？"

门客们面面相觑。

蔺相如继续说道："我之所以躲着廉颇将军，是因为我心里很清楚，强大的秦国之所以不敢发兵攻打赵国，就是因为赵国有廉颇将军和我蔺相如。但如果我们两个人攻击彼此，自乱阵脚，那不用等秦国来攻打我们，赵国就危险了。对我来说，个人的恩怨是远远比不上国家存亡的。"

听了蔺相如的这一番话，门客们纷纷向蔺相如道歉，对他的高尚品质与宽大胸怀都感到十分佩服。

蔺相如对门客说的这番话很快便传到了廉颇的耳朵里,廉颇听了之后,非常羞愧。他命人取来了荆条,赤裸着上身,将荆条背在身上,然后让蔺相如的门客引路,一路来到蔺相如的家中,亲自向他赔罪。

廉颇一脸羞愧地对蔺相如道:"我真是一个鄙陋卑劣的人啊,居然不知道您的气度如此之大,容忍我到如此地步!"

蔺相如连忙扶起廉颇,两人握手言和,从此成了生死与共的好朋友,齐心协力一起保卫赵国。

《史记》原典精选

既罢归国，以相如功大，拜为上卿，位在廉颇之右①。廉颇曰："我为赵将，有攻城野战之大功，而蔺相如徒以口舌为劳，而位居我上，且相如素②贱人，吾羞，不忍为之下。"宣言曰："我见相如，必辱之。"相如闻，不肯与会。

——节选自《廉颇蔺相如列传第二十一》

【注释】

❶右：这里指上位。先秦时期究竟是以左为尊，还是以右为尊，各国各时期习惯不一。《魏公子列传》中魏公子恭请侯嬴时就是以"左"为尊位。

❷素：平日，往日。

【译文】

渑池的会面结束以后，赵王回到国内，他认为蔺相如立下的功劳大，就任命他做了上卿，地位在廉颇之上。廉颇不服气，说："我作为赵国的大将，立下了攻城野战的大功，而蔺相如只是凭着能说会道立下了一些功劳，地位却在我之上，况且蔺相如本来就是出身低贱的人，我对这样的事情感到羞耻，不能忍受在他之下。"他还对外宣扬说："如果让我遇到蔺相如，我必定要狠狠羞辱他一番。"蔺相如听到廉颇的话以后，就故意躲着不和他见面。

千年前的打击乐器——盆缶

盆缶，原本是用来盛酒的瓦器，后来秦人宴饮时，喝到半醉，就喜欢将盆缶倒扣着，当成鼓一样击打，来给歌曲打节拍，所以盆缶也是一种打击乐器。

李斯在《谏逐客书》中写道："夫击瓮叩缶，弹筝搏髀，而歌呼呜呜，快耳目者，真秦之声也。"意思是说，敲打瓦瓮和瓦缶，边弹着筝，边拍着大腿打拍子，唱起呜呜呀呀的歌，使人耳目欢快，这才是真正的秦国音乐。

27 长平之战：战国最后的转折点

人　　物：赵奢
别　　称：马服君
生 卒 年：不详
出 生 地：邯郸
历史地位：赵国名将，战国时期东方六国八大名将之一

人物小传

　　渑池之会后，秦国与赵国签订盟约，暂时罢兵休战。不久后秦国便开始集中力量准备攻打楚国。

　　公元前 279 年，也就是秦昭襄王二十八年，秦国大良造白起率兵攻打楚国，夺取了楚国的鄢（今湖北省宜城市）、邓（今湖北省襄阳市樊城区西北）两座城邑。

　　第二年，白起又攻占了楚国的都城郢都，楚顷襄王的军队被打得溃散，无力与之一战，只得向东北方向溃逃至楚国的陈地（今河南省周口市淮阳区）。楚国后来在陈地重新定都，在此苟延残喘，彻底被逐出了群雄争霸的第一梯队。

　　公元前 275 年，秦国开始攻打魏国，一直打到了魏国的都城大梁，打得前来驰援魏国的韩国大将暴鸢落荒而逃,最后,魏国割让了三个县来求和。

第二年,秦国再次攻打魏国,魏国再次割让了南阳城求和。

公元前 272 年,秦国帮助韩国、魏国、楚国攻打燕国。

公元前 271 年,秦国派客卿灶攻打齐国,夺取了刚(今山东省泰安市宁阳县东北)、寿(今山东省泰安市东平县西南)两座城邑……

秦国的军队一路势如破竹,未尝一败,直到公元前 269 年。

公元前 269 年,秦昭襄王派客卿胡阳攻打赵国的阏与(今山西省晋中市和顺县西北),秦军与赵军在阏与展开交战,秦军被打得大败。

而此次大战中,率领赵国军队的将领正是赵奢。

秉公执法

赵奢原来是赵国一名负责征收田税的官吏。

某次征收田税的时候,平原君赵胜家里的管事不配合缴纳田税。赵胜是赵惠文王的弟弟,身份尊贵,权势浩大,如果是旁人遇到这种情况,可能就屈服了。可赵奢并不畏惧赵胜的权势,他下令将赵胜家不配合缴纳田税的九个管事都抓了起来,准备按照法律条令处死。

赵胜得知后,十分生气地找到赵奢,想要杀了他以泄愤。

赵奢没有被赵胜的威胁吓住,反而趁机劝说他道:"平原君,您在赵国的身份尊贵,这是众所周知的事情。可是如果我现在为了您的面子,纵容您的家臣犯法,那么法令的威严就会被削弱。一旦法令被削弱,赵国也会跟着衰弱,到时候您的地位和财富也就保不住了。但如果像您一样尊贵的人,也能严格遵守法令行事,起好带头作用,那么赵国上下都会遵纪守法。只有这样,赵国才能强大啊!"

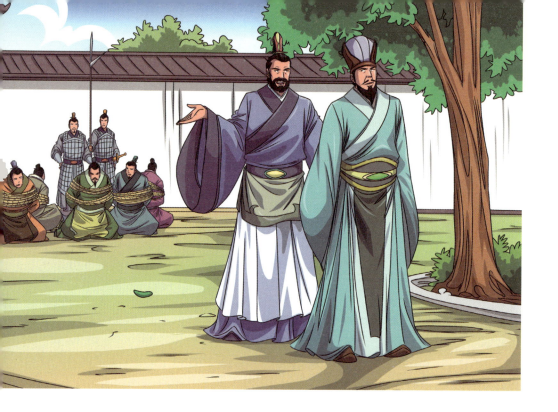

听完赵奢的话,平原君赵胜深以为然。他非但不再怪罪赵奢,还向赵惠文王举荐了赵奢。

赵奢因此得到了赵惠文王的赏识,赵惠文王任命他掌管全国的赋税。在赵奢的治理下,赵国赋税公平合理,民众富足,国库充实。

阏与之战

后来,秦国攻打韩国时,将军队驻扎在阏与,韩国向赵国求救。

赵惠文王先后召来廉颇和乐乘,问:"将军认为我们可以去驰援韩国吗?"

廉颇和乐乘的回答是一样的,他们都说:"阏与这个地方距离邯郸甚远,地势险要,道路狭窄,驰援很难。"

赵惠文王又召来赵奢，赵奢回答说："阏与这个地方虽然地势险要，道路狭窄，但地形的弊端对于敌方也是一样的。这就好比是两只老鼠在洞穴里打架，谁更勇猛，谁就能大获全胜。"

于是赵惠文王便派赵奢领兵前去阏与驰援韩国，赵奢果然打了个大胜仗。

赵奢领兵出发后，得知秦军已提前部署了一队人马在武安，来拦截救援的赵军。于是，他刚出邯郸三十里就下令安营扎寨，加紧修筑防御工事，秦军间谍探得这个消息之后，误以为他贪生怕死、没有进取之心，就对他放松了警惕。赵奢乘机急行军，仅用了两日一夜就甩开了拦截军队，抵达距离阏与不足五十里的地方。而后，他抢占了北山制高点，占据有利地形伏击秦军，秦军大败，阏与之围也随之解除。

赵奢回来之后，赵惠文王封他为马服君，地位与廉颇、蔺相如相同。

几年之后，赵惠文王去世，他的儿子赵孝成王即位。

赵孝成王在位的第七年，一场决定秦、赵两国命运走向的大战爆发了。

赵括为将

秦国这边，秦昭襄王采纳了范雎"远交近攻"的建议，对临近的韩国发动进攻，在公元前264年，接连攻下了韩国陉城等九座城邑，次年又封锁了南阳太行山道。

公元前262年，再次派白起攻打韩国野王（今河南省沁阳市），切断了上党郡同韩国都城新郑之间的联系。上党郡守冯亭见状，率领部下向赵国投降，赵国封他为华阳君，这引起了秦国的不满。

秦昭襄王命令左庶长王龁（hé）率领军队攻打并占领了上党郡，之后继续发兵，与赵国军队在赵国的长平一带（今山西省高平市西北）对峙。

然而，这场战争的开局对赵国极其不利。

赵国这边，大将赵奢已经去世，相国蔺相如则重病缠身，廉颇也已经老了。

赵孝成王只能派廉颇前去率领赵国的军队，迎战秦国大将白起率领的秦国军队。

因为秦国的军队已经多次打败了赵国的军队，廉颇也只好命令全军退守营地，避免交战。

白起见廉颇迟迟不肯出来应战，便使出了一招"反间计"。

他传信让一名秦国早早安插在赵国朝堂上的间谍对赵孝成王说："大王，当初在阏与打败秦军的不是廉颇，而是赵奢啊！如今秦国人最忌惮的人也不是廉颇，而是赵奢的儿子赵括啊！"

赵孝成王早就对廉颇数次战败有了成见，见廉颇与敌军僵持不战，便听信了谗言，想要换下廉颇，任命赵奢的儿子赵括为统军将领。

蔺相如拖着病重的身躯来劝谏赵孝成王道："大王三思啊！评判一个将领不能只根据他在秦军中的名声。况且我认为赵括并不适合作为主将，他只会捧着他父亲赵奢留下来的几本兵书啃读，思维十分僵化，不懂得随机应变，这样的人根本就不适合作为统军的将领！"

连赵括的母亲听说后都来劝说赵孝成王："大王不可以让赵括当将领啊！赵括的父亲还在世时，他亲自端着食物招待过的客人有几十人之多，他结交的同辈朋友更是有几百人之多，朝中给他的赏赐，他全都拿出来分发给下属军官和谋士，处理事情的顺序则是公事永远在私事之上。但现在我儿赵括才刚做了将军，接见下属的时候却没有一个人敢抬起头来看他，朝中给的赏赐他也全都私藏起来，每天想的都是哪里有可以低价购入的田地和住宅，一旦发现了就要买下来获利。大王您觉得他哪一点像他的父亲呢？他完全不具备他父亲领军打仗的能力和统率部下的手段，所以希望大王不要任命他做大将。"

然而，赵孝成王并没有听从蔺相如和赵括母亲的意见，还是让赵括替代了廉颇，成为赵军的统军将领。

长平惨败

赵括是赵国大将赵奢的儿子，受他父亲的影响，赵括从很小的时候就开始学习兵法。论熟读兵法，赵括认为全天下都没有人可以和他匹敌。

父亲赵奢还在世的时候，赵括常常和赵奢一起谈论用兵的策略，赵奢通常都难不倒他，但赵奢也从来都不夸赞他。

有一次，赵括的母亲便好奇地问赵奢："我们儿子每次都能对答如流，可为什么你从来都不夸奖他呢？"

赵奢回答说："打仗的学问，光学习书本上的知识是不够的。打仗是关系到将士生死的大事，但我们的儿子每次言语之间都把带兵打仗当成一件很容易的事情来谈。唉，如果将来赵王不任命我们儿子作为主将倒也不碍事，但如果任命他为统领赵国军队的主将，那么赵国的军队一定会大败啊！"

赵奢的这番话让赵括的母亲一直铭记在心，所以她才急忙劝说赵孝成王不要任用赵括为主将。但赵孝成王固执不听，赵括的母亲只好在赵括领军出征之前又向赵孝成王请求了一道赦免令：既然您一定要委派他领兵出征，那么如果来日赵括犯下不称职的罪责，还请不要株连整个赵家。赵孝成王答应了。

赵括取代廉颇之后，新官上任三把火，他立刻改变了廉颇旧有的一切制度，不仅军中的号令和规定全部换新，还撤换了一批担任要职的军官。

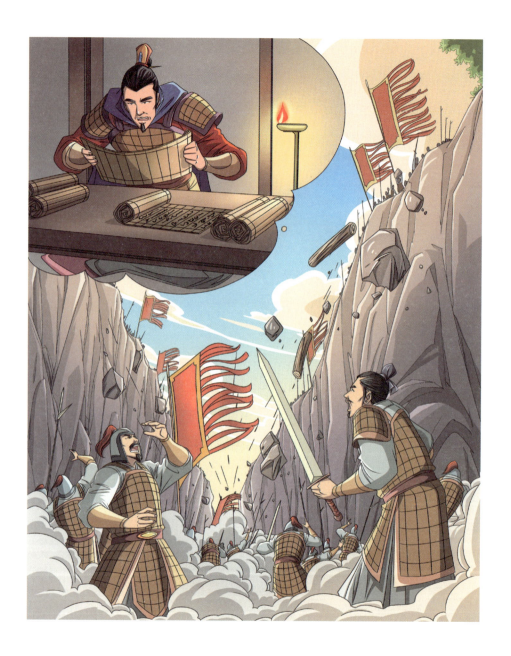

白起听说此事后，十分开心，认为进攻的时机已经成熟了。

他针对赵括急于求胜的心态，派出一支奇兵去攻打赵军，但是很快就假装打不过溃逃，赵括当即率军追击。然而，白起的这支奇兵，明面上是打不过逃跑，实则是诱敌深入。当赵军主动追击时，白起已经另派了一支军队暗中截断了赵军的运粮路线，把赵国的军队分割成两部分。

之后的连续四十多天，赵国的先头部队没有粮食吃，苦苦挨饿，军心涣散。赵括多次率领精锐部队突围，但都以失败告终。

最后，白起率领的秦国军队大获全胜，赵括本人则死在了秦军的乱箭之下。长平之战从开始到结束，赵国损失的士兵高达四十五万人。

这场战争史称"长平之战"，它是中国古代军事史上时间最早、规模最大、最彻底的大型歼灭战。

长平之战后，秦国的军队继续向前推进，包围了赵国的都城邯郸，邯郸被围困了一年之久，赵国几乎亡国。幸亏有楚国和魏国派兵前来救援，才解除了邯郸的危机。

长平之战是战国历史的最后转折，赵国经此一战元气大伤，至此秦国完成统一大业只是时间问题。

《史记》原典精选

赵括既代廉颇，悉更约束①，易置军吏。秦将白起闻之，纵奇兵，详败走，而绝②其粮道，分断其军为二，士卒离心。四十余日，军饿，赵括出锐卒自博战，秦军射杀赵括。括军败，数十万之众遂降秦，秦悉坑之。赵前后所亡凡四十五万。

——节选自《廉颇蔺相如列传第二十一》

【注释】

❶约束：这里指纪律和规定。　❷绝：断。

【译文】

赵括取代了廉颇以后，立刻把廉颇时军中的纪律和规定全部改变，还撤换了一大批军官。秦国的主将白起听说以后，派出了一支奇兵，假装被赵军打败而逃走，诱敌深入，暗地里又安排了一支部队切断了赵军的运粮通道，把赵军分割成两部分，于是赵国的士兵很快就军心涣散。赵国的先头部队被困了四十多天，饥饿难耐，赵括亲自带领精锐部队突围，与秦军展开搏斗，却被秦军用弓箭射死了。赵括的军队被打得大败，几十万人投降了秦国，秦军把他们全部活埋。赵国从长平之战开始到结束，损失的士兵共计四十五万人。

成语——纸上谈兵

赵奢的儿子赵括，从小熟读兵书，谈起军事来头头是道，就连赵奢也难不倒他。可他兵书上的内容背得滚瓜烂熟，却没有实际经验，所以在长平之战这种需要运用实战经验随机应变的情况下，就没有了办法。后来人们根据他的故事总结出了成语"纸上谈兵"，常常用来形容那些只会嘴上空谈，不能解决实际问题的人。常言道，说得好不如做得好。小朋友们遇到事情也需要多思考、多变通，少开口谈大道理，多动手做事情。

28 窃符救赵：延迟了秦国统一六国的步伐

人物小传

人　　物：魏无忌
别　　称：信陵君
生 卒 年：？—公元前 243 年
出 生 地：大梁
历史地位：魏安釐（xī）王的弟弟，"战国四公子"之一

上一篇我们说到，长平之战结束后，秦国军队乘胜追击，继续向赵国发动进攻，秦国军队长驱直入，一直打到了赵国的都城邯郸。邯郸被围困了一年之久，赵国几乎亡国。幸亏有楚国和魏国派兵前来救援，才解除了邯郸的危机。

这一篇我们就来说一说魏国的信陵君魏无忌和他窃符救赵的故事。

信陵君魏无忌

魏无忌是魏昭王的儿子中年纪最小的一个，是魏安釐王同父异母的兄弟。

公元前 277 年，魏昭王去世，他的儿子魏圉即位，史称魏安釐王或魏安僖王。魏安釐王成为战国时期魏国的第六任国君。

魏安釐王即位后，封魏无忌为信陵君，信陵就是今天的河南省商丘市宁陵县。

魏无忌为人厚道又谦虚，喜欢结交门客，对于投奔到他的门下的人都以礼相待，因此各地的门客争相投奔到他的门下，最多时高达三千人。

魏无忌因此威名远扬，靠着他自身的贤能和门下众多的门客，各诸侯国连续十多年都不敢动兵侵犯魏国。

有一次，魏无忌正在和魏安釐王下棋，突然从北部边境传来急报："赵国发兵进犯，敌军很快就要进入魏国边境了。"

魏安釐王立刻推开棋盘，准备召集大臣们商议对策。

魏无忌却劝阻魏安釐王说："那是赵王打猎罢了，不是进犯我国边境。"说完又接着下棋，仿佛无事发生一般。

可是魏安釐王内心惊恐，全无心思下棋。又过了一会儿，又有消息从北部边境传来，说："原来是赵王打猎，不是进犯魏国边境。"

魏安釐王听后很惊讶，问魏无忌："你是怎样知道的呢？"

魏无忌回答说："我的门客中有个人能时刻打听到赵王的秘密，赵王有什么行动他都会立即报告给我，因此我对赵王的活动很清楚。"

魏安釐王深以为然，但也因此忌惮魏无忌的能力，从此不敢任用他处理国事。

赵国求援

魏无忌有一个姐姐，是赵国平原君赵胜的夫人，邯郸被围期间，魏无忌的姐姐好几次派人给魏无忌与魏安釐王寄去书信求救。

一开始，魏安釐王也曾派出将军晋鄙率领十万士兵前往援救赵国。但后来秦昭襄王派使者来威胁魏安釐王说："邯郸很快就要被我们攻下来了，哪个国家如果胆敢援救赵国，等我们攻下邯郸后，就首先移兵打它。"

魏安釐王听了十分害怕，就派人传信让晋鄙把军队停在邺县，名义上是要救赵，实际上却是在观望动静，脚踩两只船。

平原君见告急的使者去了一批又一批，援兵却迟迟不到，急得上火，只得亲自写了书信一封送给魏无忌，信中写道："我当初之所以与魏国交好，与魏国联姻，就是看重魏公子您高尚的气节和凛然的义气，能把别人的困难当成自己的困难来解决。可如今您见死不救，是要抛弃我，甚至不怜惜您的姐姐吗？您要弃她于不顾吗？"

魏无忌无奈，他多次请求魏安釐王，他手下的门客也想方设法地劝说魏安釐王。但魏安釐王畏惧秦国，始终不肯听从魏无忌的意见。

魏无忌十分担心姐姐的安危，见魏安釐王始终不肯同意出兵，就召集自己手下的门客，打算率领这些门客一起到赵国去，与秦国军队决一死战，跟赵国共存亡。

侯嬴献计

魏无忌召集的门客凑齐了一百多辆车马，浩浩荡荡地准备驰援赵国。

他们出发的时候从东门经过，遇见了门客侯嬴。魏无忌将自己要与秦军拼死决战的决心告知了侯嬴，侯嬴对他道："公子加油吧，但恕我不能和您一起去赵国了。"

魏无忌与侯嬴告别后，又走了几里路，心里越想越疑惑："我对待侯先生那么周到，天下没有人不知道的。现在我将要去赵国赴死，侯先生却连一句有用的话都不对我说……难道我平日里有哪里怠慢了先生而不自知吗?"

魏无忌对待侯嬴,的确如他自己所说,可谓十分周到。当初魏无忌二请侯嬴的事天下皆知。

侯嬴原本是魏国一名隐士,七十多岁了,家里非常贫穷,平日里就在都城大梁的东门边守门。魏无忌听说后,便带了丰厚的礼物前去聘请,但侯嬴不肯接受礼物,说我修养身心几十年了,终究不会因为看守城门生活贫困就去接受您的财物。这番高洁的品行反倒给魏无忌留下了深刻的印象。

有一天,魏无忌在府中大宴宾客,等宾客们都入座了,魏无忌却带着随从,空出马车左边的座位(此时的魏国以左为尊),亲自到东城门口"二请"侯嬴。

侯嬴这才整理了一下自己破旧的衣服和帽子，从容自若地登上魏无忌的马车，径直坐到了魏无忌空出来的尊位上，没有丝毫谦让的意思。

侯嬴坐下后，乘机观察了一下魏无忌的神色，魏无忌没有流露出丝毫不满，对待他的神色更加恭敬了。

途中，侯嬴还故意让魏无忌半路停车，说是要去探望一下自己卖肉的朋友。马车进入集市后，侯嬴下车去和朋友朱亥大声交谈，一边谈话一边暗中观察魏无忌的态度。

魏无忌等了许久，脸上的神色只有更加谦和，侯嬴心生敬佩，从此拜入魏无忌的门下。魏无忌将侯嬴尊为上宾，侯嬴则帮他成就谦和的美名，招揽有才能的门客，不遗余力。

因此，魏无忌十分想不通侯嬴这反常的举动，于是让人调转车头，回去找侯嬴问个明白。

侯嬴对魏无忌说："公子您平日里广纳门客，名声遍天下。可如今您遇到了困难，却只想着去和秦军拼命，这和羊入虎口有什么不同？您招纳我们这些门客又有什么用呢？"

魏无忌立刻知会了侯嬴的意思，连忙向侯嬴拜了两次，向他求教解决问题的办法。

窃符救赵

于是侯嬴让魏无忌屏退了身旁侍奉的所有人，然后对他小声说："我听说能够调动晋鄙兵马的虎符就被大王放在他的卧室里。卧室这种地方，外臣当然接触不得。所以能够得到虎符的人，得从大王的妃子中选择。而在大王的妃子中，如姬是最受宠的,可以经常进出大王的卧室,如果能说动她帮忙,就一定能够将虎符偷到手。"

魏无忌焦急地问道:"那如何才能说动如姬帮忙呢?"

侯嬴又开口说道:"我听说如姬的父亲是被人害死的,如姬重金悬赏了三年,朝中多的是想帮她报仇的人,可至今无人成功,这正是千载难逢的好机会啊!如果公子能派手下的门客为如姬铲除了她的杀父仇人,那么如姬为了报答

公子的恩情，自然就愿意帮助公子窃取虎符。我们拿到虎符之后，夺下晋鄙手中的军队，向北可以救援赵国，向西可以对抗秦国，这是如同春秋五霸那样的壮举啊！"

魏无忌听从了侯嬴的计策，通过魏安釐王的宠妃如姬窃得了虎符。

魏无忌拿到虎符后，马上又要出发了，侯嬴再次叮嘱道："大将领兵在外，君主的命令有时候不会接受，总是要以对国家有利为原则。如果您拿着虎符到了晋鄙那里，他却以此为理由不肯把兵权交给你，那就危险了。我的朋友朱亥，之前是做屠夫的，力大无穷，让他跟你一起去，如果晋鄙不配合，就让朱亥收拾他。"

魏无忌听从了他的建议，邀请朱亥同去，顺利地夺了晋鄙的兵权。靠着这支十万人的军队，魏无忌成功击退秦军，解救了赵国。

秦国在此战中损失了二十多万士卒，大大延迟了统一六国的步伐。

合纵攻秦

赵孝成王十分感激魏无忌窃符救赵这一义举，召开盛大宴会款待他。魏无忌担心魏安釐王因为自己窃符救赵生气，也就顺势留在了赵国，十几年不曾回魏国。

后来，秦国趁着魏无忌在赵国，不断出兵攻打魏国。魏安釐王很头疼，只好派使者去请魏无忌回国。兄弟俩冰释前嫌，魏无忌被任命为上将军，做了魏国军队的最高统帅。

魏无忌派使者向各诸侯国求援，得益于魏无忌当年救赵破秦的好名声，各国纷纷派兵救魏。

魏无忌率领着魏国及东方四国的援军在黄河以南大败秦军，使秦国将领蒙骜战败而逃。魏、韩、赵、楚、燕五国联军乘胜追到了函谷关下，秦军紧闭关门，不敢再出关。

这次合纵攻秦的胜利，使魏无忌的声威震动天下。

秦国一看魏无忌是一大威胁，就耍起了阴招，派间谍在魏安釐王面前大肆造谣，说人人都知道有魏国公子无忌而不知道有魏王。魏王渐渐猜忌魏无忌，派人去接管了他手中的兵权，五国攻秦计划失败。

魏无忌从此心灰意冷，回到魏国后整日沉迷酒色，几年后去世。魏国失去了最后的顶梁柱。公元前225年，魏国被灭。

假若魏无忌没有被猜忌，率领五国军队继续攻秦，魏国的结局也许会不同。

《史记》原典精选

魏安釐王三十年，公子使使^①遍告诸侯。诸侯闻公子将，各遣将将兵救魏。公子率五国之兵破秦军于河外^②，走蒙骜。遂乘胜逐秦军至函谷关，抑秦兵，秦兵不敢出。当是时，公子威振天下。

——节选自《魏公子列传第十七》

【注释】

❶ 使使：派遣使者。
❷ 河外：即黄河以南的地区。当时称黄河以北为"河内"，黄河以南为"河外"。

【译文】

魏安釐王三十年（公元前247年），魏无忌派遣使者通告各国诸侯。诸侯听说魏无忌成了魏国军队的主将，都派将领带领军队来救援魏国。魏无忌统率五国的军队在黄河以南的地区打败了秦国的军队，击退了秦军的大将蒙骜。借着胜利的势头，五国军队一路追击秦国军队到函谷关下，把秦军压制在关内，使他们不敢再出函谷关。这时候，公子无忌的威名震动天下。

小小虎符寓意深

"窃符救赵"中的"符"是什么呢？其实这里的"符"就是兵符。

兵符是古代国君调兵遣将时所用的信物，一般都用青铜错金做成小巧的立虎或伏虎形状。古人认为虎为百兽之王，在丛林争斗中总是处于不败之地，因此将兵符铸刻成虎的形状，兵符也被称为虎符。

兵符一般都是分为两半，国君一半，大将一半，而左右符的背面各有榫卯，一一对应，只有同为一组的兵符合在一起才能发兵，这也是"符合"一词的来历。

在陕西省西安市出土的杜虎符，据考证为战国晚期的秦国兵符，它客观而真实地反映了战国时期兵符调兵遣将制度的历史。

29 秦灭二周：做好灭六国的准备工作

人　　物：白起
别　　称：公孙起、武安君
生 卒 年：？—公元前257年
出 生 地：郿邑（今陕西省宝鸡市眉县）
历史地位：秦国大将，与廉颇、李牧、王翦并称"战国四大名将"

前面我们说到，秦国在长平之战大获全胜后，乘胜追击，继续向赵国发动攻击，秦国的军队长驱直入，一直打到赵国都城邯郸，围困了邯郸一年之久。

然而，此次围困邯郸的秦国军队中，并没有大将白起的身影。

一个为秦国立下过赫赫战功，在长平之战中大获全胜的秦军主将，为什么会缺席这场重要的战役呢？

事情还要从长平之战结束后说起。

将相失和

长平之战一结束，白起本想着一鼓作气将赵国拿下，军队也已经做好了部署，兵分三路：一路由王龁率领，进攻皮牢（今山西省临汾市翼城县西北）；一路由司马梗率领，进攻太原（今山西省太原市西南）；而剩下的军队都跟着主将白起，准备一起去攻占赵国的都城邯郸。

赵国亡国在即，赵国和韩国都十分着急，他们决定派游说家苏代带着厚礼前往秦国，去贿赂秦国当时的相国范雎。

苏代带着厚礼找到范雎，对他说："武安君白起已经杀了赵括，赢了长平之战，现在又在赶去邯郸的路上。一旦赵国亡国，秦王离称帝也就不远了，

以白起的功绩，必将位列三公。他为秦国攻城拔寨七十余座，如今秦国境内没有人比他的功劳更高了，连相国您也要在他之下，大人您真的愿意如此吗？"

范雎听他这么说，眉头已经紧紧蹙起："真到了那个时候，不愿意恐怕也不行了吧。"

苏代见状，接着说："再说了，当初秦国围攻韩国，包围了邢丘、围困了上党的时候，上党的军民们都选择逃去赵国，不愿做秦国的子民，甚至如今天下人都不愿意做秦国的子民。你们现在急着灭掉赵国，赵国的地盘就会落入周边几个国家之手，你们自己根本得不到多少地盘，也无法获得更多的子民。与其这样，还不如暂时放赵国一马，趁机多割占一些土地，这样白起的战功上也不会增添灭掉赵国这一笔呀。"

范雎听后觉得很有道理，便决定听从苏代的建议，让白起撤兵回秦国。

范雎找到秦昭襄王，对他道："大王，让白起回来吧。秦国的士兵们刚刚结束在长平的作战，行军时间太长，已经十分疲惫了，请允许韩国和赵国割让土地来求和，也正好让我们的士兵们休整一下。"

秦昭襄王听后便召回白起，同意了韩国割让垣雍、赵国割让六座城邑来讲和的事情。

白起正在为失去了灭赵的好时机而生气时，范雎在秦昭襄王跟前说的这番话传到了白起耳朵里，自此白起与范雎结下了梁子，秦国将相失和。

赐死白起

秦国士兵休整了大半年之后，秦昭襄王再次发兵围攻赵国邯郸，然而不巧的是，此时白起生病了，不能领兵出征。于是，秦昭襄王派将领王陵前去攻打邯郸。

然而此时的赵国，已经搬来了不少诸侯国的救兵，前来驰援的援军络绎不绝，王陵攻打邯郸的进展很不顺利，秦昭襄王增派了不少军队支援，但还是久攻不下，还折损了不少将士。

不久后，白起的病情好转，秦昭襄王就想派白起去取代王陵领兵。

白起此时却推辞说："大王，眼下的局势想要攻下邯郸十分困难，前来驰援赵王的各国援兵每天都在增加。那些诸侯怨恨秦国已经很久了，这次纷纷响应而来。而我们的军队虽然之前在长平一战中取得了胜利，但也在那场大战中损失了近一半的兵力，国内目前兵力空虚，补充困难。如今士兵们又要长途跋涉到邯郸作战，面对赵国军队和其他诸侯国援军的内外夹击，我们必败。还是不要继续打了吧。"

秦昭襄王听完白起的话十分生气，亲自下令执意催促他出发。白起以自己生病还没有痊愈为借口，怎么也不肯听从。

秦昭襄王只好改派其他将领去取代王陵领兵，同时继续增兵，但邯郸城还是久攻不下。正在这时，因魏无忌"窃符"而来的十万援军赶到，楚国的春申君黄歇也带着楚国援军赶到。这下秦国军队非但没攻下邯郸，还伤亡惨重。

秦昭襄王便将怒火发泄到了不愿意出征的白起身上。在白起第一次抗拒出征的时候，秦昭襄王便一怒之下免去了白起武安君的爵位，下旨将他降为平民，流放到阴密去。然而，白起那时说病还没好，在咸阳拖延了三个月还没有出发。

三个月后，秦军大败，秦昭襄王又想起了白起，派人去遣送白起上路，不准白起再住在咸阳。

白起只好出发了，当他离开咸阳城西门十里外，在一处名为杜邮的地方歇脚时，秦昭襄王正在和范雎等大臣们商议："白起被遣走，会不会心里不服气？"

有人揣测道:"他一定会不服气,还会憋着一肚子对朝廷不满的话,要是他将这些不该说的话到处乱说,那该怎么办?"

秦昭襄王想了想,派出一名使者带上一把宝剑去追白起,命令他用这把宝剑自刎。

白起接过宝剑后，仰天长叹："我有什么罪过，上天如此惩罚我，让我落得如此下场？"

良久之后，他又低声叹息说："我确实该死。长平之战，赵军几十万士卒投降，我却用欺骗的手段把他们全部杀死了，这样的罪行，足以让上天惩罚我以死谢罪了！"

说罢，他毫不犹豫地拔剑自刎。

至此，一代名将的辉煌生涯画上了句号，时为公元前257年。

白起死后的第二年，秦王开始了灭二周、亡诸侯的步伐。

秦灭二周

东周的王畿在公元前367年因王室内乱分裂成东周国、西周国两个小公国，周天子依附了西周公国。

邯郸之战，赵、魏、韩三国共同抵抗秦国之时，东周公国的国君曾派他的相国亲自到秦国去，想向秦昭襄王示好。谁承想秦国轻视周相，相国决定返回东周公国去。有个说客就对周相说："秦王对您的态度其实还有回转的余地，他现在最想知道的就是赵、魏、韩这三国的情况，不如您去求见秦王，说您能帮忙刺探他们三国的情况，秦王必定就会看重您。"

周相按照这个法子做了，秦国果然暂且信任周人，集中力量攻打赵、魏、韩三国。

然而到了第二年，也就是公元前256年，秦昭襄王派出将军摎攻打韩国，夺取了阳城（今河南省郑州登封市）、负黍（今河南登封市西南）两座城邑。

不久后，秦昭襄王又派兵攻打了赵国，一口气夺取了赵国二十多个县。

西周公国的国君变得非常恐慌，生怕下一个就轮到自己，便背叛了秦国，与东方的几个诸侯国联合起来，妄图集合全天下的兵力从伊阙山出兵攻打秦国，使秦国的军队无法抵达阳城。

秦昭襄王对此十分愤怒，派将军摎去攻打西周公国。

西周公国的国君眼看着打不过，干脆自己主动到秦国来，亲自向秦昭襄王叩头认罪，并将自己的三十六座城邑与三万子民全部献给秦国。

秦昭襄王这才饶了他一命，接受了西周公国的供奉，允许他回到王城去居住，但西周公国就此灭国了。

公元前256年，西周武公与周赧王双双病逝，西周公国的百姓纷纷向东逃亡，秦国夺了周朝的宝器九鼎，西周公国宣告灭亡。

七年之后，秦庄襄王灭掉了东周公国，东西二周全部被秦国吞并。从这以后，周朝的祭祀断绝。

秦灭二周，不仅表明了秦统一天下的决心和意志，更显示了秦已具备击败东方各国联合进攻的雄厚实力。这一事件给各国造成了深刻的心理威慑，意义是深远的。

灭周是一个新纪元的真正开始，东方各国的末日也真正来临。

《史记》原典精选

周君、王赧卒，周民遂东亡①。秦取九鼎宝器②，而迁西周公于惮狐。后七岁，秦庄襄王灭东周。东西周皆入于秦，周既不祀。

——节选自《周本纪第四》

【注释】

❶ 东亡：向东边逃亡。　❷ 九鼎宝器：即大禹铸造的九鼎，九州的象征。

【译文】

西周君、周赧王去世，周地的民众都向东方逃去，归附了东周君。秦国夺取了九鼎等宝物，把西周君迁到惮狐。七年之后，秦庄襄王灭掉东周公国。东西二周都被并入秦国，从此周朝的宗庙祭祀断绝。

债台高筑

在历史的大镜头下，周朝末代天子周赧（nǎn）王的身上还发生过这么一幕：

周赧王在位期间，周王室已经十分衰弱，衰弱到他需要依附西周公国才能生存。

当时的楚国为了对抗秦国，请周赧王以天子的名义，召集各路诸侯一起来讨伐秦国。周赧王自然是一百个愿意，但他拿不出钱，也没有粮草和武器，怎么办呢？周赧王就想出了一个办法，找当地的富户们借，等大军胜利后用战利品来偿还。

可最后折腾了一通，钱都花出去了，仗却没有打，富户们拿着借条上门要债时，周赧王只好躲到一个高台上逃避，后来人们就将这个高台称作"逃债台"。由这件事还衍生出一个成语——债台高筑。

秦灭六国：结束纷争，走向统一

人　　物：秦庄襄王
别　　称：嬴异人、子楚
生 卒 年：公元前 281 年—公元前 247 年
出 生 地：咸阳（今陕西省咸阳市）
历史地位：秦昭襄王之孙，秦始皇之父，秦国国君

长平之战后，东方各国几次合纵抗秦，但都已是垂死挣扎。除了赵国、楚国还保留有部分实力外，其他四国几乎已是待宰羔羊。

公元前 251 年，秦昭襄王去世，各诸侯们都派了各自的将军或相国前来秦国吊唁，韩国国君甚至亲自穿着丧服前来祭祀。

秦昭襄王的儿子秦孝文王即位，开始处理国政。然而，因为秦昭襄王在位的时间实在太久了，这位秦孝文王即位时已是高龄，在位第一年就去世了。他去世后，他的儿子秦庄襄王即位。

秦庄襄王

这位秦庄襄王的在位时间也不长，才不到四年，但他在短时间里攻灭东周公国，为他的儿子嬴政统一六国打下了基础。

而且秦庄襄王本人身上的故事也十分精彩：

秦庄襄王本名异人，后来改名为子楚。

异人和他的母亲都不受他的父亲秦孝文王的喜爱，加上秦孝文王的儿子众多，异人在很小的时候被送去赵国当作质子，常年住在赵国的都城邯郸。

后来秦国和赵国之间战争连年不断，异人作为秦国来的质子在赵国没少受到冷眼与苛待。

那么你一定会好奇，一个不被父亲喜欢、在赵国备受欺负的质子又是如何继承王位的呢？

这就要讲到一位名叫吕不韦的卫国商人了。

吕不韦认为异人"奇货可居"，提供给他在赵国日常生活和结交宾客的花销，还在邯郸之围时拿出重金贿赂守城士兵，助他顺利逃回秦国。

关于吕不韦是如何将这位质子扶植为王的故事，我们留到后面再详细讲。总之，得益于吕不韦的帮助，异人顺利归国，登上王位。

作为报答，异人在当权后，将吕不韦任命为相国，并封他为文信侯。

异人即位后，也就是秦庄襄王，他继续了他爷爷秦昭襄王向外扩张的步伐。

公元前249年，秦国吞并东周公国，自此东西二周全部被秦国吞并。

同年，秦国开始出兵灭六国，首先攻打的就是韩国。

公元前247年，也就是秦庄襄王在位的第三年，灭六国的步伐暂停了，因为这位秦庄襄王也去世了。

灭韩攻赵

秦庄襄王去世后,他的儿子嬴政即位,这位嬴政就是后来被称为"千古一帝"的秦始皇。

嬴政对吕不韦同样十分尊重,甚至尊称他为"仲父"。仲父在中国古代是对父亲大弟的称呼,由此可见吕不韦的地位之高。因为嬴政此时还年少,国政皆由吕不韦把持。

嬴政即位时,秦国已经向南吞并了巴、蜀、汉中;向东南越过宛城占领了郢都,并在那里设置了南郡;向北攻取了上郡以东地区,占据了河东、太原、上党三郡;向东攻打至荥阳,灭掉了东西二周,设置了三川郡。

嬴政的身边除了有吕不韦,还有诸多能臣名将,如李斯、蒙骜、王龁、麃(biāo)公等。

公元前244年,也就是秦王政三年,大将军蒙骜攻打韩国,攻取十三座城。

公元前242年,也就是秦王政五年,大将军蒙骜攻打魏国,夺取二十座城。

…………

尽管嬴政即位初年年龄尚幼,但其麾下的秦军从未停止扩张的步伐,此时的秦国几乎屡战屡胜,势如破竹。

到了公元前238年,也就是秦王政九年,嬴政举行冠礼,开始亲政。他先是挫败了嫪毐的夺权阴谋,接着放逐了吕不韦,铲除了盘踞多年的两大权力集团,加强了君权的统治,而后开始了自己的霸业。

首先,他在李斯的劝说下,集中力量一鼓作气攻打韩国,来震慑其他诸侯国。

接着,他采纳了尉缭的计谋,以重金贿赂各国有权势的大臣,让他们破坏各国的合纵计划。

因为尉缭和李斯等人的献计，嬴政统一六国的战略推行得很顺利。

公元前236年，赵、燕两国发生战争，秦国以救燕为名派王翦等将领出兵夹攻赵国，攻下了赵国大片土地。两年之后，秦国再次大举向赵国进攻，又夺取了大片土地，秦国在所占的赵国土地上建立了雁门郡和云中郡。

公元前230年，秦王嬴政派内史腾攻打韩国，并擒获了韩王。韩王将韩国的所有国土全部赠送给秦王，秦王便将原本属于韩国的地界设为秦国的一个郡，取名为颍川。至此，秦国正式吞并了韩国。

公元前228年，被秦王嬴政派去攻打赵国的王翦、羌瘣（huì）将赵国的东阳完全攻占，并擒获了赵王。除了赵王的长兄赵嘉逃过一劫，带着几百个赵氏族人逃到代郡（今河北省蔚县代王城），自立为"代王"外，其他人均被俘获。秦国在赵都邯郸一带建立了邯郸郡。

荆轲刺秦

秦国以雷霆之势吞并韩国，令天下诸侯都十分恐惧。燕国的太子丹准备独辟蹊径，找人刺杀秦王嬴政。而他找来的这个刺客就是荆轲。

太子丹见到荆轲后态度十分谦逊，道："现在秦国就要兵临易水，燕国危矣。假设我能得到天下间最勇敢的勇士，派他去秦国，用极大的利益诱惑秦王后，再劫持秦王，逼他归还秦国所侵占的他国土地，那就太好了；或者直接找个机会刺杀秦王，使秦国大乱，诸侯国就又能够联合起来，一定能够打败秦国！"

过了好一会儿，荆轲道："此事关系重大，恕我无能为力。"

太子丹并未放弃，他将荆轲尊为上卿，给荆轲提供锦衣玉食、香车美人。

然而荆轲一直没松口答应帮忙，直到秦国的大将王翦攻破了赵国国都，活捉了赵王，眼瞧王翦的军队已经来到燕国的南部边境……荆轲终于答应前去刺杀秦王，但他却向太子丹讨要两件东西。

他说："如果我能进献樊於期将军的头颅和燕地督亢的地图，秦王一定会接见我，这样我才能有机会刺杀秦王。"

这位樊於期，原本是一名秦国将领，因为得罪了秦王而逃到燕国来投奔太子丹。太子丹不愿意用前来投奔自己的将领的头颅去换取面见秦王的机会，然而樊於期得知此事后，却自愿献出头颅，只为了向秦王报仇。

荆轲带着这两件东西在副使秦武阳的陪同下上路了。行至易水岸边时，荆轲的好友高渐离为他击筑送行，荆轲则跟着他的筑声高歌道："风萧萧兮易水寒，壮士一去兮不复还！"而后，迈着悲壮的步伐前往秦国。

秦王嬴政听说荆轲把樊於期的头颅和督亢的地图都送来了，十分高兴，在咸阳宫召见了二人。

二人按照正、副使的次序缓步上前,刚走到殿前台阶下,副使秦舞阳的脸色就开始泛白,手抖得不像样子。秦国的大臣们都感觉到了异常。荆轲回头看了一眼秦舞阳后,笑着请罪说:"还请大王见谅,我们都是从北方蛮夷之地来的粗野之人,没有见过像大王您这样有威严的国君,因而会有点胆怯。"

秦王嬴政说:"那就由你将副使拿的地图呈上来吧。"

荆轲先是将樊於期的头颅呈给秦王看,而后又一脸淡定地取过督亢地图为秦王展开。

地图展开到尽头时,早先藏在里面的匕首露了出来。荆轲趁秦王看地图的间隙,一把抓住匕首刺向秦王,然而秦王后退及时,匕首并未刺中。

反应过来的秦王立刻站起身,绕着咸阳宫的柱子跑,荆轲则在后紧追不舍,

但直到最后荆轲也没能刺杀成功，反而被秦王拔剑击杀。

这就是著名的"荆轲刺秦王"。

荆轲刺秦王失败后，秦王知道是燕国的太子丹策划了这一切，便愤怒地派了更多的兵力讨伐燕国，并加快了吞并天下的步伐。

灭魏、楚、燕、赵、齐

公元前225年，秦王嬴政派王贲攻打魏国，引来黄河水将魏都大梁城淹没，魏王出城投降，至此，秦国正式吞并魏国。

公元前223年，王翦、蒙武攻打楚国，昌平君熊启去世，秦国正式吞并楚国。

公元前222年，秦国发兵攻打燕国的辽东郡（今天的辽宁省、吉林省东南部），擒获了燕王喜；同年，秦国的军队还攻下了代国，擒获了那位先前在秦军手下逃过一劫的赵王长兄——代王赵嘉。至此，秦国正式吞并燕国和赵国。

此时东方六国中的韩、魏、楚、燕、赵都已经归降秦国，就只剩下一个齐国。

但齐王建不知道的是，秦王早就采纳了尉缭的计策，将齐国的相国后胜贿赂。后胜一心为秦国筹谋，多次劝齐王向秦国投降，根本不把心思放在齐国军防上。

于是，在公元前221年，齐王建在做最后的垂死挣扎时，秦军从原来燕国的地界进攻，齐国根本不堪一击，很快被攻占，齐王建被擒。至此，东方六国中的最后一国——齐国也被秦国吞并。

秦始皇以气吞山河的气势，用了十余年时间，一鼓作气灭掉了东方六国，结束了春秋战国以来持续五百多年的战乱局面，创建了中国历史上第一个统一的中央集权的封建王朝。

《史记》原典精选

二十六年,齐王建与其相后胜发兵守其西界,不通①秦。秦使将军王贲从燕南攻齐,得齐王建。

——节选自《秦始皇本纪第六》

【注释】

❶通:往来。

【译文】

二十六年(公元前221年),齐王建和他的相国后胜调集士兵防守齐国的西部边界,不与秦国往来。秦王派将军王贲从燕国向南攻打齐国,擒获了齐王建。

督亢地图

在"荆轲刺秦王"的故事中,荆轲呈给秦王嬴政的督亢地图是一件非常重要的道具,这是一张怎样的地图呢?为何对秦王有着如此致命的吸引力?

督亢是古代的地名,是战国时期燕国最富庶的地区。燕国这个国家,在当时算得上是苦寒之地了,只有督亢这块地方比较肥沃,是燕国财富聚集的地方。

而在古代,一个国家献上地图,就代表放弃了地图上这块地方的统治权。荆轲代表燕国献上督亢之地,秦王嬴政不费吹灰之力拿下燕国的富庶之地,自然十分高兴了。

1. 价值连城

《史记·廉颇蔺相如列传》中记载：秦昭襄王听说赵惠文王手里有和氏璧，派人去送信说"愿意以十五城交换这块玉璧"。

"价值连城"本义是价值抵得上许多座城池，多用来形容物品十分贵重。

2. 完璧归赵

《史记·廉颇蔺相如列传》中记载：赵惠文王不敢不答应交换，又害怕白白失去了和氏璧，就派蔺相如带着和氏璧去秦国同秦昭襄王交涉。秦昭襄王果真无意用十五座城换和氏璧，蔺相如凭着智慧和勇气，不辱使命地将和氏璧送回赵国。

"完璧归赵"本义是蔺相如将和氏璧完好地自秦国送回赵国，后常用来比喻把宝物完好地归还给原本的主人。

3. 负荆请罪

《史记·廉颇蔺相如列传》中记载：赵国的蔺相如因为在渑池之会上立功，被拜为上卿，位在廉颇之上。廉颇不服，想侮辱蔺相如。蔺相如为了国家的利益，处处退让。后来廉颇知道缘由后，感到很惭愧，就脱了上衣，背着荆条，向蔺相如请罪。

"负荆请罪"表示主动向对方承认错误，请求责罚。

4. 毛遂自荐

《史记·平原君虞卿列传》中记载：赵国平原君有位门客名叫毛遂，有一次秦兵攻打赵国，平原君奉命去楚国求救，毛遂主动站出来推荐自己跟着去楚国。

后来人们就常用"毛遂自荐"来比喻自己推荐自己。

5. 一言九鼎

《史记·平原君虞卿列传》中记载：平原君与楚王商谈借兵的事，谈了一上午都没有结果。毛遂挺身而出，一席话说得楚王口服心服，立即答应出兵援赵。平原君感叹说："毛遂到楚国，只用了一席话，便使赵国的威望重于九鼎。他的三寸之舌，胜过百万雄兵。"

后世根据这个典故引申出成语"一言九鼎"，本义是一席话的分量像九鼎那样重，多用来形容所说的话分量很重，作用很大。

6. 卖浆屠狗

《史记·信陵君列传》中记载：信陵君魏无忌听说赵国有两个有才德的人，很想见他们，可他们都躲起来不肯见信陵君。这两个人一个藏身于赌徒中，一个藏身在卖酒的店里。信陵君打听到他们的藏身地后，抛开身份私下去同这两人交往，彼此都以能够相识为乐事。

《史记·樊哙列传》中记载：樊哙出身寒微，以屠狗为业。

这两个典故后来被整合为一个成语"卖浆屠狗"，本义是以卖酒、屠狗为业的人，后来也用来代指从事卑贱职业的阶层。

7. 抱薪救火

《史记·魏世家》中记载：魏国与秦国交战失败，准备割地求和。这个打算被苏代知道后，苏代劝魏安釐王说："你用土地去向秦国求和，换取眼前的和平，就好像抱着薪柴去救火，薪柴一天不烧完，火就一天不会熄灭。"

"抱薪救火"常用来比喻用错误的方法去消除灾祸，结果反而使灾祸扩大。

8. 弹丸之地

《史记·平原君虞卿列传》中记载：赵国在长平之战中大败，都城邯郸被围。邯郸之困解除后，赵王想割让六座城池换取与秦国的结盟，赵国的大臣虞卿竭力劝谏赵王不要那么做，另一位大臣赵郝却反问说："如今这么一块弹丸之地不肯给秦国，若是明年秦国再来进攻，那时大王恐怕就要割让富庶的腹地才能换来求和了！"

"弹丸之地"本是夸张的说法，指像弹丸一样大小的地方，多用来形容地盘非常狭小。

9. 卑礼厚币

《史记·魏世家》中记载：梁惠王遭遇多次军事上的失利，于是以谦恭的礼节、丰厚的财礼来招揽贤才。

"卑礼厚币"即谦恭的礼节、丰厚的财礼，多用来形容聘请贤士或待人时极其诚恳的态度。